"Por diversas razões, Ana Paula tem uma perspectiva privilegiada para escrever este livro! Em primeiro lugar, por se tratar de uma mulher escrevendo diretamente para outras mulheres. A realidade é que homens e mulheres foram criados de maneiras distintas, tanto em suas emoções como na forma que foram afetados após a Queda. As reflexões práticas na perspectiva feminina, apresentadas por Sherlocka, são extremamente relevantes. Em segundo lugar, pela abordagem teológica. A maneira firme e perspicaz com que ela examina os relacionamentos femininos à luz das Escrituras torna este livro uma verdadeira joia. As soluções para lidar com a rivalidade entre mulheres são profundas e fundamentadas na Bíblia, convidando a leitora a refletir e mudar sua perspectiva. Mesmo sendo direcionado a um público específico, pessoalmente me beneficiei da leitura e recomendo esta obra como uma ferramenta essencial!"

Mauro Meister, pastor da Igreja Presbiteriana da Barra Funda, em São Paulo

"O drama das Escrituras é marcado pela busca de uma resolução para o conflito divino-humano provocado pelo pecado em Gênesis 3. Do início ao fim, as Escrituras descrevem a maneira de Deus conduzir soberanamente o enredo da salvação até o seu desfecho final em Cristo, por intermédio de quem ele finalmente reconcilia o mundo consigo mesmo e confia aos cristãos o ministério da reconciliação (2Co 5.18). A Igreja, portanto, é a comunidade dos reconciliados, caracterizada por paz e unidad̶e̶ ̶̶̶̶̶̶̶ ̶̶̶̶m preci-são teológica e leveza poética ̶̶̶̶̶̶̶̶̶̶̶ a Igreja do Deus reconciliador como a necessidade de levar a sério o mandamento divino para cultivarmos a 'unidade do Espírito no vínculo da paz' (Ef 4.3). Este livro oferece uma contribuição singular à literatura cristã brasileira ao aplicar princípios bíblicos de resolução de conflitos ao contexto mais específico das mulheres cristãs. As leitoras, portanto, são beneficiadas por uma perspectiva interna dos conflitos que mais afetam os relacionamentos femininos na esfera da igreja local. Ao final da leitura, tenho certeza de que você se sentirá mais equipada e encorajada para cumprir seu ministério de embaixadora da reconciliação (2Co 5.20)."

Diego dy Carlos Araújo, professor pesquisador em Estudos Bíblicos, SETECEB

"A rivalidade entre as mulheres é um problema que todas sabemos que existe, mas poucas de nós arriscaríamos nomeá-lo corretamente: pecado. Afinal, considerá-lo como tal também exigiria arrependimento, confissão e mudança de conduta; e, para falar a verdade, muitas vezes não estamos tão dispostas assim a lidar com tudo isso, não é mesmo? Ana Paula, com sua escrita bíblica e envolvente, nos convence do pecado que é competirmos umas com as outras, e nos aponta para a necessidade inegável de não mais normalizarmos a vida dividida em 'panelinhas de igreja', e começarmos a nos empenhar em viver a comunhão para a qual fomos resgatadas e chamadas. Uma bela e necessária leitura!"

Naná Castillo, Ministério Filipenses Quatro Oito, coautora do livro *Toda mulher trabalha*

"Ao ler este livro, tive a impressão de que Ana Paula redigiu boa parte dele enquanto aconselhava uma amiga à mesa, com sua Bíblia aberta e um bom cafezinho. Sua linguagem é clara, humilde e pessoal. Ana usa verdades do evangelho e ótimos exemplos para nos encorajar a amarmos nossas irmãs como uma expressão do grande amor que já recebemos. Ela nos conduz ao conhecimento de quem somos em Cristo e nos encoraja a imitá-lo. Esse tema de relacionamento entre as mulheres da igreja é algo pouco abordado com tanta profundidade bíblica. É um tema de extrema importância, fácil leitura, mas que confronta nosso coração quebrado. Creio que você, leitora, vai se deleitar tanto quanto eu."

Claudia Beatriz de Campos Lotti, coautora do livro
Toda mulher trabalha

"Não é de todo incomum nos colocarmos em um lugar de avaliação de outras mulheres, criticando de fora o que, muitas vezes, vemos acontecer em nossa própria igreja. Neste livro, esses assuntos são abordados a partir de dentro. Ana Paula avalia os problemas incluindo-se neles, chamando cada leitora a analisar de forma bíblica a raiz das palavras que proferimos e que contaminam nossas comunidades. Com empatia e palavras certeiras, na leitura deste livro somos convocadas a mudar, por amor a Jesus."

Ana Rute Cavaco, professora e líder de Ministério de
Mulheres, Igreja da Lapa, Lisboa

"Amiga, vem cá. Quero te contar um negócio! Este livro vai falar da nossa dificuldade de ser uma amiga de verdade. Da nossa dificuldade de ser uma irmã em Cristo, da dificuldade de perdoar, da facilidade de complicar e da necessidade de exaltar. Mas também vai falar do amor que nos une, que nos regenera e nos ajuda a dizer não ao nosso 'eu', a fim de que o nosso 'nós' seja restaurado. Ana Paula foi muito certeira em seus exemplos e exortações, trazendo verdade aos nossos olhos e conselho aos nossos corações. 'A perseverança dos santos é corporativa' e pode nos custar um tempo para entender, mas me alegro imensamente em saber que uma leitura dessa natureza pode ajudar-nos a crescer e perseverar juntas. *Bora*?"

Nátalie Campos, preletora, esposa do Pr. Heber Campos Jr.

"Ao nos lembrar da presente tensão entre o *já, mas ainda não*, em que a libertação do pecado ainda não é final nem perfeita, Ana nos encoraja a perseverarmos firmemente na luta contra os pecados, por vezes tão arraigados e intocáveis — exatamente os mesmos que levaram nosso Salvador à cruz. Assim, que sejamos constrangidas a ver o pecado como ele é: uma afronta ao Deus que nos amou a ponto de derramar seu próprio sangue em nosso favor. Que possamos responder ao chamado deste livro para, com os olhos fitos em Jesus, refletirmos a glória de Deus para o mundo, por meio de nossa unidade!"

Renata Cavalcanti, editora, Ministério Fiel

ANA PAULA NUNES

Unidas contra a Rivalidade feminina

PREFÁCIO DE
EMILIO GAROFALO NETO

Dados Internacionais de Catalogação na Publicação (CIP)
(Câmara Brasileira do Livro, SP, Brasil)

Nunes, Ana Paula
    Unidas contra a rivalidade feminina / Ana Paula Nunes. -- 1. ed. -- São José dos Campos, SP : Editora Fiel, 2023.

    ISBN 978-65-5723-324-5

    1. Mulheres - Aspectos religiosos - Cristianismo 2. Mulheres cristãs - Conduta de vida 3. Mulheres cristãs - Oração e devoção 4. Mulheres cristãs - Vida cristã 5. Mulheres cristãs - Vida religiosa - Cristianismo I. Título.

23-182109   CDD-248.843

Elaborado po Aline Graziele Benitez - Bibliotecária - CRB-1/3129

Unidas contra a rivalidade feminina

Os textos das referências bíblicas foram extraídos da versão Almeida Revista e Atualizada, 2ª ed. (Sociedade Bíblica do Brasil), salvo indicação específica.

•

Diretor Executivo: Tiago J. Santos Filho
Editor-chefe: Vinicius Musselman
Editora: Renata do Espírito Santo
Coordenação Editorial:
Gisele Lemes; Michelle Almeida
Preparação/Revisão: Shirley Lima
Diagramação: Caio Duarte
Capa: Caio Duarte
ISBN brochura: 978-65-5723-324-5
ISBN e-book: 978-65-5723-325-2

Caixa Postal, 1601
CEP 12230-971
São José dos Campos-SP
PABX.: (12) 3919-9999
FIEL Editora   www.editorafiel.com.br

À mulher mais amorosa e alegre por viver em comunhão na igreja que já conheci, minha avó Benedita.

AGRADECIMENTOS

Agradeço a Deus pelo privilégio e a responsabilidade de escrever este livro e, principalmente, por ele ter estado comigo durante todo o processo de escrita. Para mim, o fruto mais precioso deste livro foi o fortalecimento do meu relacionamento com o Senhor. Pela graça de Deus, muitas pessoas me abençoaram durante a escrita e eu quero agradecer a elas agora pela ordem dos acontecimentos.

Em 2019, quando surgiu a ideia para este livro, compartilhei com o pastor da minha igreja. Acredito que, se não fosse todo o incentivo dele para que eu transformasse a semente de uma ideia em um projeto e começasse a escrever, este livro não teria chegado até aqui. Por isso, agradeço de modo muito especial ao Rev. Emilio Garofalo Neto, por todo o apoio e por seu auxílio com leituras e *insights*, desde o começo até a entrega final, com o belíssimo Prefácio que ele escreveu.

Meu agradecimento às mulheres com quem convivi nas igrejas pelas quais passei e que tanto me ensinaram com o amor e a paciência que tiveram para com meus erros. As irmãs de anos de convivência e aprendizado no grupo de discipulado são uma parte importante do começo deste livro. Nomeio, especialmente, Bianca Heringer, minha primeira líder de discipulado, com quem tive a honra de aprender sobre diversos temas teológicos, sobre hospitalidade e sobre comunhão — tudo isso na prática, com sua casa e seu abraço sempre prontos a receber mulheres com amor.

Durante os meses em que estive fora do Brasil finalizando este livro e trabalhando em meu mestrado, fui sustentada pelas orações de amigas brasileiras queridas que se fizeram muito presentes. Além disso, algumas conseguiram reservar um tempo de um dia de feriado para ler um ou dois capítulos antecipadamente, apesar do prazo apertado. Muito obrigada, Thayná, Celine, Beatriz, Maiara, Ângela e Aline, pelas orações e leituras. Também carrego gratidão pelas orações de Bianca, Girlane, Nátalie, Ana Rute, Cinthia, Lúcia, Floriza, Virgínia, Maria Letícia, Débora, Evelyn, Kesia e Prisca. Aproveito aqui para agradecer também ao meu pastor João Paulo Silva, que, mesmo de longe, continuou me pastoreando de perto.

Não posso deixar de expressar meu agradecimento às "Watsons", todas as mulheres que me acompanham e interagem comigo em minhas redes sociais. Desde 2020, abordo com elas o tema da rivalidade feminina na igreja, por meio de conversas, pesquisas, postagens, textos e episódios no podcast *Sherlocka Holmes*. Elas me ajudaram imensamente com este livro. Espero que tenhamos muitas oportunidades de conversas e abraços pessoais e com uma dose de "coragem".

À minha família, toda a minha gratidão por seu amor. Minha irmã, Ana Miriã, que foi muito citada em exemplos neste livro, e minha mãe, Ilma, são as mulheres que Deus escolheu para me moldar dentro de casa. Com elas, aprendi a travar meus primeiros conflitos e a resolvê-los. Pela graça de Deus, elas também são grandes amigas. Muito obrigada ao meu pai, Aldamir, por sua proteção e amizade.

Todas as páginas deste livro seriam poucas para agradecer ao Diego dy Carlos, meu marido, por todo o seu apoio, companheirismo e cuidado comigo no dia a dia, enquanto eu escrevia cada parágrafo. Deus é um Deus de detalhes e pode unir propósitos também — e foi isso que ele fez conosco. Quando nos conhecemos, eu já estava trabalhando em meu livro e o Diego no projeto do livro dele. Louvamos ao Senhor quando descobrimos que nosso tema era bem complementar: ele escrevendo sobre *reconciliação* na teologia paulina; eu praticamente aplicando o tema da *reconciliação* entre as mulheres na igreja. Assim, se antes eu achava que a escrita do meu livro estava demorando muito, hoje sei que Deus orquestrou exatamente assim para que eu o escrevesse com meu marido ao meu lado. Diego me ensinou muito, dedicou muito tempo à leitura de cada capítulo e a me auxiliar com melhorias preciosas em seu conteúdo.

Agradeço a toda a equipe de Tyndale House, Cambridge, onde passei seis meses com meu marido, cada um trabalhando em seu livro. Tyndale House, com sua estrutura, acesso a excelentes livros e acolhimento da comunidade foram essenciais para a escrita deste livro. Sou muito grata aos irmãos que tornaram esses meses em Cambridge ainda mais "familiar" com sua amizade: Simon e Kate Sykes, Peter e Kathryn Williams, Christopher e Carolyn Ash, Gwyn e Sue

Scourfield, Glenn e Joyce Every-Clayton, Caleb e Erin Howard e Anne Jarvis.

Quero agradecer a toda a equipe da Editora Fiel pela oportunidade desta publicação e pelo trato atencioso e gentil durante todo o processo. Especialmente ao acompanhamento da editora Renata Cavalcanti, com quem aprendi muito.

SUMÁRIO

PREFÁCIO

De cima do púlpito, dá para ver muita coisa. As pessoas não sabem quanta coisa... De lá, vejo pessoas atentas, ouvindo, cantando, adorando de fato. De lá, percebo pessoas distraídas, com as crianças, com os telefones, com outras pessoas. Vejo quem está cochilando, quem está acompanhando o resultado de um jogo de futebol, quem já saiu várias vezes para ir ao banheiro.

De cima do púlpito, vejo o mapeamento do pessoal e a forma de se organizarem. Aquela família que sempre se senta no mesmo cantinho. Aquele grupo de jovens que se aglomeram à minha direita. Aquela turma que eu nunca vi antes e que, pelo jeito, está visitando a igreja.

De cima do púlpito, eu vejo sinais de rivalidade. Conversas interrompidas, grupos separados, pessoas que, ao entrarem no salão de culto e verem outra pessoa específica, vão se sentar bem longe. De cima, dá para ver muito.

De baixo, também dá para ver bastante. Em conversas rápidas após o culto, em aconselhamentos demorados e sangrentos, em observações atentas. Dá para ver com imensa tristeza que o povo de Deus é terrivelmente hábil em fazer mal uns aos outros. "Façam uns aos outros sangrarem" — esse parece ser o lema de muitos crentes. Uma ideia maldita que é buscada com tanto afinco que quem vê até pode achar que esse foi um mandamento de Jesus. Irmãs vivendo em união para a glória de Cristo. Será que isso é possível? Ou apenas uma utopia desvairada? Como seria bom, não?

Neste belíssimo livro, Ana Paula Nunes nos ajuda a sair desse ciclo infernal de desamor e feridas. Em *Unidas contra a rivalidade feminina*, ela tece, de forma hábil, um livro que vai ao cerne do problema e, amavelmente, vai nos conduzindo rumo à solução.

O livro é belamente escrito, com firme embasamento bíblico e teológico. Ana Paula claramente dialogou com o melhor da teologia reformada para que possamos entender quem somos e o que seremos em Cristo. Debruçou-se cuidadosamente sobre essas questões para poder resumi-las e apresentá-las às leitoras. Ela escreve com sensibilidade para os problemas do coração, com um olhar atento ao que é ser mulher no reino de Cristo. E mostra que compreende bem o que é ter de lidar com o fato de as mulheres muitas vezes se tratarem muito mais como rivais do que como cooperadoras e coerdeiras do reino dos céus.

A primeira parte deste livro é repleta de boa teologia, belamente escrita para enraizar o entendimento. Na segunda parte, a autora ataca os problemas de relacionamento feminino com soluções e antídotos bíblicos eficazes.

O livro, pois, é útil de muitas formas. Para a mulher recém-convertida, que considera estranho ver na igreja alguns dos problemas testemunhados no mundo; para a mulher mais madura na fé, que percebe claramente como é complicado conviver com as irmãs; para a discipuladora, que precisa de algo sólido com que confrontar e ensinar às suas seguidoras; para a mulher que está com o coração amargo, considerando abandonar a igreja por causa de outras irmãs; para as que sonham em ver uma comunidade de cuidado mútuo, mas que pensam que isso é uma utopia. O livro traz ótimas perguntas para estudo em grupo, assim como para reflexão pessoal.

Recomendo, portanto, com enorme alegria esta obra. Fui pastor da autora por muitos anos e sei como esses tópicos falam ao seu coração. Acompanhei seu crescimento e amadurecimento na fé, e com júbilo vejo em sua vida e em seu ministério o anseio ardente de servir a Cristo e à igreja, promovendo relacionamentos mais sadios e belos.

De cima do púlpito e do chão da igreja, como mencionei, é possível ver muitos problemas. Porém, também é possível ver coisas muito boas. Dá para ver a irmã mais velha que acolhe a novata. Dá para ver o olhar atento de uma mulher para a outra que acabou de chegar à cidade, com o desejo de inseri-la no grupo. Dá para ver a mulher que explica à sua irmã uma doutrina difícil. Dá para ver a que oferece ombro, lenço e casa para a outra que chora. Dá para ver a alegria sincera do compartilhar sorrisos e abraços. Dá para ver irmãs combinando um lanche, um estudo bíblico ou um passeio. Dá para ver o alívio da mulher que chega intimidada e cruza o olhar com uma irmã que ela sabe ser sua aliada sincera. Dá para ver, dá, sim! Dá para ver que o Senhor da igreja está trabalhando nas mulheres a quem ele ama antes de o mundo existir. Que este livro ajude muitas irmãs a se amarem como estão aprendendo a amar a Deus!

Pr. Emilio Garofalo Neto

INTRODUÇÃO: RIVALIDADE FEMININA

MINHA HISTÓRIA COM O TEMA

Não tenho dúvida de que sou a pessoa mais improvável para escrever um livro sobre rivalidade feminina na igreja e sobre o amor que devemos ter umas pelas outras. Eu mesma posso apresentar uma lista considerável de mulheres que já foram magoadas por meus pecados, principalmente nos primeiros anos da minha conversão. Minha confissão é livre de orgulho; contém apenas sincero pesar. Mas preciso começar deixando as coisas claras para você: as palavras que você vai ler aqui não são de uma mulher que sempre foi um exemplo em seus relacionamentos com outras mulheres na igreja; tampouco são palavras de uma mulher que já é esse exemplo! Escrevo como alguém que muito feriu e foi ferida no processo de ferro afiando ferro — processo que é esse viver a comunhão na igreja local. Alguém que também foi — e ainda é — transformada de glória em glória, de comunhão em comunhão.

Não estou aqui para ensinar a você sobre mim, ainda que eu esteja trazendo exemplos bem pessoais. Minha intenção é ensinar sobre aquele que tornou possível que mulheres como eu e como você fossem libertadas de seus pecados e entrassem em um processo de santificação, para, em breve, estar com ele e ver a glória dele. É ensinar sobre aquele que torna possível a comunhão e o amor entre mulheres que ainda lutam contra seus próprios pecados. Nesse processo, pela graça de Deus, a igreja é o lugar em que vale a pena permanecer em comunhão para ver de perto o poder do Espírito Santo transformando mulheres pecadoras, dia após dia e ano após ano, em mulheres mais parecidas com Jesus.

Voltemos agora ao começo.

Eu não cresci dentro da igreja. Isso quer dizer que não passei a infância e a adolescência na igreja — assim, no meu caso, aprendi pouco do evangelho nessas fases da vida. As férias de fim de ano na casa da minha avó, no interior do Rio de Janeiro, eram o mais perto que eu chegava de conhecer uma igreja — e, mesmo assim, ainda ficavam muito longe.

Durante as férias, ir à igreja com meus avós aos domingos era um evento obrigatório para todos os hóspedes. Eu amava ver a alegria da minha avó em ir à igreja com os filhos e netos. Aos domingos, ela estava sempre mais bonita, usava as melhores roupas, escovava os cabelos branquinhos, selecionava um perfume especial e estampava o melhor sorriso da semana no rosto.

Eu só conhecia a convivência dentro da igreja em seu período mais empolgante: o Natal. Aquela maravilhosa época do ano em que a igreja está repleta de programas de férias, confraternizações, membros envolvidos em ensaios para cantatas natalinas, com pessoas de todas as idades ocupadas, servindo em teatros em roupas brilhantes e cantando lindas músicas.

Na minha memória, enxergo feixes do que eu entendia por igreja antes da minha conversão: o lugar na Terra com mais cara de lar para a minha avó, bancos de madeira desconfortáveis por baixo dos quais eu gostava de rastejar, coros compostos por lindas vozes, Bíblias com capas diferentes e coloridas, eu e minha família levantando com muitas outras pessoas só para ouvir uma música sobre o visitante ser muito bem-vindo. E observar os cabelinhos brancos da minha avó no banco da frente — até não ver mais.

Portanto, eu sabia o que era ser visitante de igreja. Ser meramente uma visitante tem muitas vantagens, você sabe! Todo o seu relacionamento com os membros da igreja se resume às recepções de extrema simpatia e alegria com a sua presença, apertos de mão, uma atenção apenas positiva a seu respeito e, vez ou outra, você até ganha algum brinde. Nenhum envolvimento, ninguém se conhece de verdade. Desse modo, os defeitos nem têm tempo de aparecer. Ninguém "se mete" na sua vida e você segue por meses ou anos a fio sem que os outros notem a sua falta. Esse meu relacionamento de visitante com a igreja era bem parecido com meu relacionamento com Deus na adolescência. Eu não o conhecia muito bem, não compreendia minha necessidade de ser perdoada e estava certa de que ele só queria a felicidade que eu mesma planejara para mim.

Minha conversão veio muitos anos depois, quando minha avó já não estava mais aqui — nem para minha formatura na faculdade, nem para brilhar seu melhor sorriso de domingo no dia do meu batismo. Depois de alguns meses como membro de uma igreja, não mais na posição de visitante, eu gostaria de ter perguntado sobre os relacionamentos que ela nutria com as outras mulheres. Saber se toda aquela alegria dela com a igreja se devia ao fato de lá ser mais fácil conviver com as outras mulheres, não tendo de lidar com fofocas, invejas, panelinhas, ingratidão, amarguras, contendas e demais rivalidades. Hoje já consigo imaginar a resposta de minha avó. Ela começaria abrindo a Bíblia, como sempre fazia. Um dia, felizmente, poderei conversar com ela a esse respeito.

O fato é que, quanto mais fui saindo do rasinho da posição de visitante e me aprofundando no cotidiano da igreja local, convivendo com as irmãs nas programações e nos serviços, mais desejava voltar a ser visitante. Essa é uma tentação real, pois a convivência é algo bem difícil. A verdade é que, quando passei a me envolver mais com a igreja, não tardou para haver situações em que eu não era bem-vinda, em que não sentia que essa igreja me amava tanto assim e que minha presença não era esse prazer musical o tempo todo.

Muita gente vive frustrada e algumas mulheres até saem da igreja quando deparam com a realidade de que a igreja está repleta de pecadores das mais diversas idades, classes sociais e tempo de conversão. Você deve conhecer pelo menos uma pessoa que "já foi da igreja", mas saiu por causa de alguma frustração associada a quebras de relacionamento, fofocas, brigas, contendas, decepções, mágoas e tantas outras feridas resultantes de se envolver com outras pessoas além do superficial, conhecendo-as e permitindo tornar-se conhecida.

Isso é quão sério os relacionamentos na igreja são na vida de um cristão — e, em nosso caso, de uma cristã. Anos depois da minha conversão, descobri que não há nada novo debaixo desse sol, mesmo com a cobertura de um teto de uma igreja diferente. Quando os relacionamentos, especialmente com outras mulheres, vão se tornando mais íntimos, nós recebemos e damos tanto mais intensamente amor, acolhimento, serviço e companheirismo quanto mais abertura e potencial houver para as dores no processo de ferro afiando ferro (Pv 27.17). Foi Deus quem escolheu cada mulher que está na igreja com você — portanto, os relacionamentos na igreja são, sim, muito sérios. Neles, afiamos umas às outras de uma forma única. Deus escolheu cada mulher que está debaixo do mesmo teto que você na igreja, tornando-as sua família.

Quando eu era adolescente, achava minhas amigas da escola muito mais legais e incríveis do que minha mãe e minha irmã. Afinal, com aquelas amiguinhas que eu só encontrava na escola, eu brincava muito mais e brigava bem menos. Mas minha mãe sempre dizia: "Isso é porque você não convive com elas debaixo do mesmo teto". Descobri que minha mãe estava certa assim que realizei o *sonho teen* de morar com as amigas durante um ano em que estava cursando a faculdade. E olha que fui eu que escolhi as amigas que iam morar comigo.

Conviver mais de perto é algo totalmente diferente. Quem já se casou também sabe muito bem disso. É diferente de um jeito belo e também desafiador. Ter comunhão e envolvimento intencional com

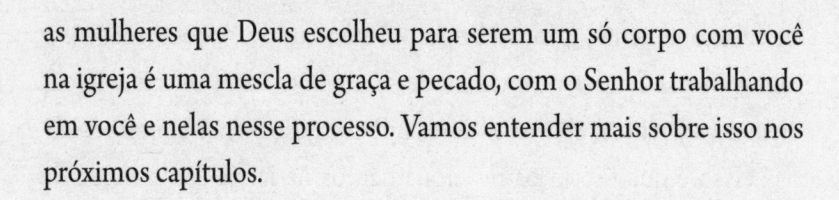

as mulheres que Deus escolheu para serem um só corpo com você na igreja é uma mescla de graça e pecado, com o Senhor trabalhando em você e nelas nesse processo. Vamos entender mais sobre isso nos próximos capítulos.

POR QUE DECIDI ESCREVER ESTE LIVRO?

Percebi a necessidade de escrever este livro quando vi que eu não era a única mulher passando por todas essas dificuldades. Eu também magoei e fiquei muito magoada nessa dinâmica de relacionamentos femininos. Cheguei a acreditar que o problema era apenas comigo. Bom, eu era — e ainda sou — o problema. Mas também entendi que todas as mulheres são vítimas e algozes em suas relações. Somos causadoras de sofrimento por causa do nosso pecado e sofremos em consequência do pecado das outras irmãs.

Minha maior preocupação foi notar — inicialmente em mim — em que medida um problema com uma ou duas irmãs na igreja acaba afetando o relacionamento com toda a igreja. E é claro que isso acontece. Afinal, nós somos um só corpo e temos de trabalhar em conjunto por nossa união. Lembro-me de um conflito com cerca de quatro pessoas que me deixou tão desconfortável de frequentar a igreja aos domingos que faltei por algumas semanas e fui visitar outras congregações. Várias irmãs da igreja me procuravam para conversar, mas eu me sentia tão centrada em mim mesma e afetada por esse pequeno grupo que não reconhecia o amor dessas irmãs. Até que meu pastor me chamou para conversar e, removendo a fumaça da ira que me cegava o coração, perguntou: você está renunciando à companhia de 296 irmãos que a amam por causa de um conflito com quatro? E eu entendi o recado. E o pior é que, muitas vezes, fui eu a responsável por causar igual desconforto em outras mulheres a ponto de elas também se afastarem. Eu sei bem o potencial que temos de atingir umas às outras com o que falamos e fazemos.

Quando não fortalecemos a base de quem nós somos ou de nosso chamado, quando não reconhecemos nossos pecados com arrependimento e não sabemos quem nos capacita ao amor, é muito fácil deixarmos que os conflitos entre nós criem raízes de amargura e rancor. E ficamos cegas para a graça e a bondade de Deus, focando apenas nos problemas e deixando de perceber que o potencial que temos de atingir umas às outras também carrega graça e amor. Assim, é muito fácil preferirmos o orgulho, o afastamento e o isolamento; ou, no máximo, vivermos nos relacionando apenas um pouco e, ainda assim, apenas com aquelas mulheres que quase não incomodam. O inimigo de nossas almas também deseja isso, pois nos sentimos mais fracas longe do corpo.

Um dos meus objetivos aqui é auxiliar a leitora com ferramentas bíblicas, com o propósito de ajudá-la a mudar o olhar que tem sobre si mesma e sobre as outras mulheres à luz das Escrituras.

Só mulheres?

Por que estou falando apenas com mulheres? Não é por sermos mais pecadoras que os homens. O pecado afeta os relacionamentos de homens com homens, de homens com mulheres e de mulheres com mulheres. Somos iguais, mas temos características próprias, razão pela qual compreendo que homens e mulheres lutam com essa dinâmica das amizades de forma distinta.

Nós, mulheres, temos um pouco mais de facilidade no aprofundamento de nossas amizades umas com as outras. Desde muito cedo, estamos acostumadas a amigas que, além de brincarem conosco na hora do recreio da escola, conhecem todos os nossos segredos. Nosso relacionamento umas com as outras apresenta uma dinâmica única e diferente daquela que existe entre os homens. Fomos presenteadas por Deus com dons e talentos especiais, na condição de auxiliadoras e cuidadoras, e com o fato de sermos mais atentas às necessidades das outras pessoas. Podemos até mesmo falar que temos maior sensibilidade, o que pode tanto gerar como solucionar problemas. Em geral, o envolvimento presente nas amizades femininas tende a ser mais profundo, pois temos maior facilidade de abrir o coração e falar de nossos sentimentos para essas pessoas que são tão semelhantes a nós mesmas. E há muita beleza nisso.

RIVALIDADE FEMININA? ISSO EXISTE MESMO?

Por que uso a expressão "rivalidade feminina"? Ela é empregada pelo feminismo para falar da "cultura de competição" entre as mulheres, que costuma atribuir a culpa dessa rivalidade ao sistema sociopolítico, que é majoritariamente masculino, e ao papel atribuído às mulheres ao longo da história. Esse movimento argumenta que é do interesse dos homens que as mulheres não se deem conta do poder que há em se unirem. A solução proposta pelo feminismo é o que conhecemos como "sororidade", que, em resumo, é uma união ou aliança entre mulheres com vistas à empatia pela injusta opressão de gênero experimentada por todas elas. A ideia é que essa união as fortaleça, especialmente contra o patriarcado. Dessa forma, retira-se a culpa das mulheres, transferindo-a para a cultura — e para os homens. A solução, por sua vez, depende das próprias mulheres. Por óbvio, coloca-se a culpa também no cristianismo, embora, de acordo com as Escrituras, o cristianismo verdadeiramente bíblico seja precisamente a solução.

O que a Palavra de Deus nos diz sobre rivalidade?

Rivalidade é uma concorrência entre pessoas que pretendem a mesma coisa. De fato, como cristãs, temos um mesmo chamado neste mundo e temos em mente a mesma coisa: glorificar a Deus em tudo o que fazemos, amando a Deus sobre todas as coisas.[1] Nossa união faz parte dessa missão e, sim, ela nos torna mais fortes, como veremos no Capítulo 1. Se estamos concorrendo umas com as outras, estamos competindo pela glória de quem exatamente? Quando nos colocamos em competição, seja por qual motivo for, qual é mesmo o prêmio?

Neste livro, vamos abordar a questão da rivalidade feminina pela perspectiva da Palavra de Deus, ou seja, entendendo-a como consequência dos prazeres que militam em nossa carne (Tg 4.1). Assim, entre os pecados condenados por Paulo e Tiago, é mencionada a *eritheia*, uma palavra grega que denota um "ressentimento baseado no ciúme, sugerindo rivalidade — ambição egoísta, rivalidade,

---

1 "1. Qual é o fim supremo e principal do homem? O fim supremo e principal do homem é glorificar a Deus e gozá-lo para sempre." ("O Catecismo Maior de Westminster" apud *Bíblia de Estudo da Fé Reformada* [São José dos Campos, SP: Fiel, 2022], p. 2458); (Rm 11.36; 1Co 10.31; Sl 73.24-26; Jo 17.22-24).

ressentimento"[2] (cf. Rm 2.8; 2Co 12.20; Gl 5.20; Fp 1.17; Tg 3.14,16). A causa: o pecado. Culpados: nós.[3] Solução: Cristo. Uma unidade forjada por nossos próprios esforços não só não tem poder algum, como nem mesmo é possível. Não somos chamadas e capacitadas por Deus para a competição, mas, sim, para a colaboração em amor, suporte e serviço (Ef 4.1-2; 4.31—5.2). E justamente por isso nossa solução passa necessariamente por um entendimento mais profundo do amor de Deus — e o amor dele se derramando entre nós (Ef 3.14-19).

Mulheres odeiam mulheres? Não necessariamente! Porém, o pecado contra o qual ainda lutamos em nossa carne pode, quando não subjugado pelo poder de Cristo, inflamar a *eritheia* que há em nós, resultando em competição, ressentimento em relação às nossas irmãs e até mesmo a chegarmos ao triste extremo de as odiarmos. Felizmente, há uma solução de amor.

SOBRE O QUE FALAREMOS?

Este livro está dividido em duas partes.

Na Parte 1, há três capítulos de base. O primeiro capítulo, "Reconhecidas pelo amor", aborda a oração sacerdotal de Jesus por nossa união e o que ela representa para nós e para o mundo que nos observa. Acaso estamos sendo reconhecidas pelo amor que temos umas pelas outras? E que amor é esse?

---

2   Louw-Nida, s.v. ἐριθεία. A palavra também denota "sentimento de hostilidade ou oposição". Exceto quando houver indicação, todas as traduções são livres.
3   É preciso ter em mente que a existência do pecado não desculpa nossas falhas e que o indivíduo não é vítima, mas infrator e, portanto, culpado.

Com o fim de ajudar a desembaçar as lentes com que você enxerga a si mesma e as outras mulheres, o segundo capítulo, "Criadas para amar", fala sobre como Deus nos criou e o que nos criou para ser ao imprimir em nós sua própria imagem. E nesse capítulo você lerá também sobre como a Queda quebrou nossa imagem. *Mas Deus* (Ef 2.4), que é rico em misericórdia, age em nosso favor para restaurar essa imagem.

"Cobertas com amor" é o título do terceiro capítulo, que busca discorrer sobre a obra de amor de Jesus, que nos libertou do domínio do pecado e nos enviou o Espírito Santo para nos unir com o Pai e o Filho, a fim de trabalhar em nossa santificação. É muito importante para nossos relacionamentos que compreendamos que o processo que Deus está operando em cada uma de nós já teve início, mas ainda não estará completo aqui.

Na Parte 2, apresento, em oito capítulos, alguns dos padrões pecaminosos que batalham contra o amor e a comunhão pacífica entre as mulheres na igreja. Para cada um deles, proponho soluções bíblicas, na esperança de lidar e substituir essas ações pecaminosas por atitudes de amor. O último capítulo é sobre a conhecida declaração "felizes para sempre".

VAMOS JUNTAS!

Escrevi este livro especialmente para as mulheres cristãs. Anos atrás, quando comecei a escrevê-lo, criei algumas imagens de mulheres com quem eu estaria falando — chamamos a isso, no universo de marketing, de *personas*. Mas, à medida que o livro foi criando forma e sendo lapidado, passando por várias transformações, essas *personas* também mudaram um pouco e eu percebi que estava escrevendo e visualizando mulheres sentadas em volta de uma mesa conversando sobre o que haviam lido. É assim que eu imagino você, leitora. Vejo você sendo convidada para uma leitura em grupo, ou você mesma convidando outras irmãs para lerem com você.

Oro que este livro seja um bom auxílio para você pensar sobre sua comunhão com outras mulheres na igreja, e também sobre aquelas amizades que são ainda mais chegadas ou deixaram de ser. Nosso problema é muito mais profundo do que nossas rixas, irmã. Guerreamos porque estamos amando da forma errada. Não somos concorrentes na missão; somos colaboradoras. E, juntas, prosseguimos rumo ao alvo, a ressurreição final com Cristo (Fp 3.14). Começaremos falando de amor, e assim continuaremos.

Que Deus abençoe sua leitura!

PARTE 1

Reconciliadas

> "Ora, tudo provém de Deus, que nos reconciliou consigo mesmo por meio de Cristo e nos deu o ministério da reconciliação."
>
> 2CO 5.18

Capítulo 1

RECONHECIDAS PELO AMOR

"... para que o mundo creia que tu me enviaste."
(Jo 17.21)

JESUS OROU CONTRA NOSSA RIVALIDADE

... e *amarás o teu próximo como a ti mesmo*. (Mt 19.19, grifos meus)

Não rogo somente por estes, mas também por aqueles que vierem a crer em mim, por intermédio da sua palavra; *a fim de que todos sejam um*; e como és tu, ó Pai, em mim e eu em ti, também sejam eles em nós; para que o mundo creia que tu me enviaste. Eu lhes tenho transmitido a glória que me tens dado, *para que sejam um*, como nós o somos; eu neles, e tu em mim, a fim de que *sejam aperfeiçoados na unidade,* para que o mundo conheça que tu me enviaste e os amaste, como também amaste a mim. Pai, a minha vontade é que onde eu estou, estejam também comigo os que me deste, para que vejam a minha glória que me conferiste, porque me amaste antes da fundação do mundo. Pai justo, o mundo não te conheceu; eu, porém, te conheci, e também estes compreenderam que tu me enviaste. Eu lhes fiz conhecer o teu nome e ainda o farei conhecer, *a fim de que o amor com que me amaste esteja neles, e eu neles esteja.* (Jo 17.20-26, grifos meus)

O que estaria ocupando sua mente e seu coração poucas horas antes de você sofrer uma morte terrível? Imagine que você foi condenada, por um crime sério, ao horror de uma morte que a levará a humilhação e agonia de dores jamais experimentadas. Tudo isso diante da ira justa do mais poderoso Senhor do universo. O que a estaria preocupando?

É chegada a hora de Jesus pagar pelo crime que não cometeu. Na oração sacerdotal (Jo 17), nosso Salvador está se preparando para o maior sofrimento de todos, e está bem ali, diante do Pai, rogando para que seu povo seja guardado, que cresça em santidade e que seja um com ele e com o Pai, todos unidos.[1] A oração de Cristo é em favor dos pecadores, daqueles que realmente mereciam a condenação eterna com o castigo que ele estava prestes a receber, mas que não poderiam

---

1   Para uma descrição sucinta e precisa dos horrores da crucificação de Cristo, veja John Stott, *A cruz de Cristo* (São Paulo: Editora Vida, 2005).

satisfazer a pena por si mesmos. Jesus ora por aqueles a quem iria substituir na Cruz.

Se você realmente crê nesse Redentor que sofreu por você e a cobriu com seu sangue purificador, não precisa pensar em sua hora de pagar a pena. Ela já foi paga pela morte sacrificial de Jesus! (Rm 3.23-26; 2Co 5.14-15, 21). Se você é uma dessas incontáveis pessoas que vieram a crer, Jesus também orou por você: "E rogo não somente por estes, *mas também por aqueles que virão a crer em mim pela palavra deles*" (Jo 17.20). Essa é você, você veio a crer pela mensagem do evangelho que foi pregado, você é uma ovelha que ouviu a voz do pastor (Jo 10.16). O alvo da oração de Cristo somos nós, que fomos limpas pelo sangue do Cordeiro Perfeito e adotadas como filhas amadas, unidas a ele em um só corpo. A oração dele é pela igreja: "aqueles que virão a crer em mim".

"UM" É O QUE SOMOS

"Nós amamos porque ele nos amou primeiro."
(1Jo 4.19)

Pensar em amor é essencial para a compreensão da vida em unidade como igreja (Cl 3.14-15). Mas importa entender, em primeiro lugar, que nossa união é moldada pelo amor do Pai e do Filho. A união deles existe porque o Pai está nele e ele está no Pai: "Eu e o Pai somos um" (Jo 10.30); "o Pai está em mim, e eu estou no Pai" (Jo 10.38); "Quem me vê a mim vê o Pai" (Jo 14.9). Jesus atesta que nada faz por si mesmo; tudo é feito em nome daquele que o enviou e conforme o agrado do Pai (Jo 5.19-47; 8.28; 10.25; 12.50; 14.10). Trata-se de uma relação de amor, deleite, dependência e obediência. A unidade entre

Pai e Filho é o que eles são: "uma unidade de ser, e não apenas de propósito e ação".[2]

Jesus pede ao Pai que possamos ter uma unidade modelada pela unidade que ele mesmo tem com o Pai: "como és tu, ó Pai, em mim e eu em ti, também sejam eles em nós" (Jo 17.21). É nessa "unidade de ser" que nós somos extraordinariamente incluídas no pedido de Jesus para que também estejamos neles. Como isso é possível? Por causa da ressurreição de Jesus! É porque ele voltou ao Pai e enviou o Consolador, o Espírito Santo, para habitar dentro de nós (Jo 14.16; Jo 15.26; Jo 16.7) que nós fomos unidas com o Pai e o Filho. Pela obra de Jesus, recebemos o Espírito Santo de Deus e somos incluídas nesse círculo glorioso de propósito, comunhão e amor que une o Pai e o Filho — e nada pode arrancar-nos desse círculo (Jo 10.28; Rm 8.35). Desse modo, fomos unidas umas com as outras.

Minha irmã, a unidade entre nós — aquelas de nós que viemos a crer — já está criada! Ela já existe e é o que somos. De nossa parte, devemos nos esforçar para manter, para preservar essa unidade, "com toda a humildade e mansidão, com longanimidade, suportando-vos uns aos outros em amor, esforçando-vos diligentemente por preservar a unidade do Espírito no vínculo da paz" (Ef 4.2-3).

A unidade dos crentes não se baseia em suas próprias forças e méritos; ela é análoga à unidade desfrutada entre Pai e Filho, sendo realizada pela presença do Espírito Santo. O aperfeiçoamento dessa unidade pelo amor tem um propósito final determinado: o de ver a glória

---

2   Colin G. Kruse, *John: an introduction and commentary*. 2. ed. (Tyndale New Testament Commentaries, InterVarsity Press, 2017, v. 4), p. 401.

do Redentor exaltado na presença do Pai (Jo 17.24).[3] Até lá, nosso amor e nossa união darão testemunho da mensagem sobre Jesus.

SORRIAM! ESTAMOS SENDO OBSERVADAS

Nossa missão e nosso propósito também são "um": PARA QUE o mundo creia que Jesus foi enviado por Deus e que o Pai nos ama como ama o Filho. Em João 13.34-35, Jesus diz aos discípulos que a demonstração de amor entre eles atesta que realmente são seus discípulos. A exibição da unidade entre os crentes é convincente aos olhos do mundo, pois é contracultural, e só pode ser explicada por um grande poder trabalhando nesse povo: Jesus, o Filho de Deus. O teólogo D. A. Carson afirma que, "embora a unidade prevista neste capítulo não seja institucional, esta cláusula de propósito no final do versículo 21 mostra que a unidade deve ser observável".[4] Carson completa que só é possível atingir esse propósito pela adesão comum ao evangelho, pelo amor alegre e abnegado e pelo compromisso com os objetivos comuns dos quais os seguidores de Jesus foram encarregados.

Na igreja, Deus une diversas idades, classes sociais, histórias, estados civis, gostos e interesses (Cl 3.11). Cada membro do corpo do qual você faz parte foi escolhido pelo Senhor, não consistindo em uma escolha feita por você, com base em seus próprios interesses. Mesmo em meio a tantas diferenças, esses membros têm tudo o que precisam para permanecer juntos, ou seja, o sangue de Jesus. Mas essas são uniões muito improváveis, concorda? Basta parar para

---

3   Ibidem.
4   D. A. Carson, *The Gospel According to John* (InterVarsity Press, 1991), p. 568.

pensar, por um instante, nos membros de sua igreja local. Você acha que vocês teriam algum outro motivo para caminhar juntas se não fosse Cristo? Talvez você tenha afinidade com algumas irmãs criteriosamente selecionadas, em relação à fase da vida ou a qualquer outro fator. Mas o que dizer desse grupo em sua multicolorida inteireza? Nós somos diferentes demais. E caminhamos juntas apenas por termos o mesmo Salvador. E ele está trabalhando em nossa unidade para que ela seja levada à perfeição (Jo 17.23).

UM AMOR CONTRACULTURAL

O amor que demonstramos umas pelas outras fala sobre o amor que levou Jesus à Cruz. E não, não nos amaríamos corretamente de outra forma. Nós não temos essa capacidade; a igreja não é algo natural, mas, sim, uma comunidade formada de maneira sobrenatural. É justamente porque essa união não é natural que confere credibilidade ao que falamos sobre Jesus.

Certa vez, uma mulher no meu trabalho dirigiu-me uma crítica por eu ser amiga de adolescentes, dizendo que eu deveria andar mais com mulheres adultas como eu e que tivessem a mesma bagagem profissional ou talvez mais experiência profissional que eu. Ela estava se referindo às jovens da minha igreja, com quem eu amava caminhar lado a lado. Também tenho amigas da minha idade, mas veja que o que chamou a atenção dessa mulher foi minha relação com pessoas que, do seu ponto de vista, nada teriam a acrescentar à minha experiência. Na visão dela, que proveito eu poderia tirar dessas amizades?

A igreja faz isso. Ela reúne pessoas diferentes na unidade que Deus deseja e aperfeiçoa. Quando essa igreja manifesta amor entre seus membros, dá evidências de que Deus trabalhou nesse povo. Portanto, a união dos cristãos entre si — possível pela união deles com o Pai e o Filho, por intermédio do Espírito — dá credibilidade à mensagem de Jesus e testemunha poderosamente ao mundo que ele foi enviado por Deus. Essa união em amor e serviço está constantemente sendo observada pelo mundo. O que, então, eles estão vendo?

O INIMIGO NOS QUER INIMIGAS

Se nossa unidade plena brilha tão forte para o mundo, de modo que todos vejam e creiam em Jesus, espera-se que essa união sofra as tentações do pecado e seja constantemente atacada. Se o inimigo tem sucesso em causar rupturas em nossa união, a imagem que o mundo verá não é nada bonita. A Bíblia diz que os prazeres da carne — que ainda militam em nós contra o Espírito e que dão à luz o pecado — são a causa de guerrearmos e contendermos umas com as outras e de mostrarmos ao mundo algo bem diferente daquilo pelo qual Jesus orou.

C. S. Lewis escreveu um livro bastante aclamado que consiste em cartas fictícias entre um demônio e seu sobrinho aprendiz. O objetivo dessa troca de correspondências era orientar o aprendiz a ser mais hábil na arte de tentar o ser humano, do qual ele fora incumbido de tomar a alma. O demônio já começa ensinando que um dos grandes aliados para a missão deles é a própria igreja. Assim, lemos nessa obra diversas "dicas" de como investir contra os relacionamentos do ser humano: fazê-lo enxergar somente os vícios e os pecados de seus próximos na igreja e ignorar que ele mesmo tem suas falhas; torná-lo um degustador de igrejas sem nunca se firmar em uma única congregação; levá-lo à devoção e a ideologias extremas, e nunca a Deus. Além disso, ele sugere inclinar seu amor a abstrações, como amar a humanidade, a liberdade e o amor, mas nunca permitir que esse amor seja um sentimento concreto, em relação ao próximo. A primeira edição do livro é de 1940, mas ainda é muito atual, concorda?[5]

Atualmente, as redes sociais estão desempenhando o importante papel de apresentar ao mundo as guerras de nossa família da fé. Mas isso não é algo novo para o povo de Deus. A Bíblia está repleta de relatos de nossas quebras de relacionamento, desde a saída de Adão e Eva do Éden, como veremos nos próximos capítulos. E, mesmo após a oração de Jesus, sua morte e ressurreição, lemos na Bíblia sobre o povo salvo ainda lutando com divisão, no lugar de união, e de maior amizade com os prazeres do que com Deus, expressando sentimentos de cobiça, inveja, egoísmo, murmuração, fofoca, amargura, sentimento faccioso, desobediência, traição e crueldade (Tg 3.13-18; 4.1,2; 1Pe 4.3; 2Tm 3.1-5). Afinal, o pecado ainda está no mundo. Não foi à toa que Deus escolheu registrar na Bíblia que contendas e conflitos continuariam existindo na igreja. Se, para saber que ele foi enviado, o mundo dependesse de nossa união plena, sem conflito algum, imaginamos que a melhor publicidade seria não registrar esses problemas no maior livro do mundo.

Observe, porém, que, neste mundo, nossa união nunca será perfeita, pois somos todos pecadores lidando com outros pecadores. Mas essa união será aperfeiçoada em um processo, assim como nós! Nossa união com as outras pessoas existe como consequência da união que nós temos com Cristo. É fato que ele nos chama a amar da mesma forma que ele nos amou. Felizmente, é ele quem nos capacita a obedecer.

---

5   C. S. Lewis, *Cartas de um diabo ao seu aprendiz* (São Paulo: Thomas Nelson, 2017).

Amar como Deus amou é amar o imperfeito, o imerecedor, o irritante, o incômodo, o que nos insulta, o que não nos faz bem (Lc 6.32-35; Mt 5.46). Se é para amarmos os outros como ele nos amou, esse amor deve ser sacrificial, envolvendo arrependimento, perdão e reconciliação com as pessoas difíceis (Ef 5.1-2). O mundo deve ver que Jesus está trabalhando em nós e nos transformando diariamente — e essas são amostras abundantes da graça de Deus sobre o pecado. Isso é muito diferente do que o mundo faz com seus relacionamentos árduos e descartáveis.

VISÃO LIMITADA, AMOR LIMITADO

Amar a Deus sobre todas as coisas e amar o próximo, essa é a essência da vida cristã e é parte indispensável do processo de santificação. Todo pecado que cometemos tem início na desobediência a esses mandamentos, principalmente ao primeiro e maior de todos (Mt 22.36-40). Amamos mal umas às outras porque amamos mal a Deus. Não vamos conseguir amar o próximo sem amar a Deus acima de tudo e de todos. Justamente porque não vivemos plenamente esse amor é que a Bíblia se mostra tão clara quanto à nossa necessidade de amar e faz dela mandamento. Temos de ser lembradas, de Gênesis a Apocalipse, que somos um povo escolhido e amado por Deus para viver em comunhão e amor, na dependência dele daqui até a eternidade. E, porque confiamos plenamente no amor leal de Deus por nós, somos impelidas a amar como ele ordena que amemos! Nós conhecemos e cremos nesse amor de Deus por nós quando olhamos para a cruz e ouvimos o que Jesus suportou em nosso lugar: "Deus meu, Deus meu, por que me desamparaste?" (Mt 27.46). Esse amor de Deus "é derramado em nosso coração pelo Espírito Santo, que nos foi outorgado" (Rm 5.5).

O amor de Deus nos cobre diariamente. Você certamente já experimentou o bem que ele fez — e ainda faz — por você. Já sentiu seu cuidado nas noites escuras da alma. Já se sentiu acolhida, mesmo em sua sujeira. Já leu e releu as muitas promessas de amor de Deus por nós, promessas que começam antes do "haja luz" e terão continuidade no mundo refeito. Somos capacitadas a amar por causa desse amor de Deus, que não falha. Nosso amor umas pelas outras cresce quando é posto em prática, principalmente em meio aos conflitos entre nós. Nosso amor se solidifica ao ser exercido, ainda que de forma imperfeita, vez após vez. E o mundo todo está de olho para ver se esse amor é real mesmo.

É aqui que estamos. Sabemos que devemos nos amar, mas temos experimentado quanto isso é difícil. Para chegar ao coração, convido você a caminhar comigo nos próximos capítulos com a intenção de limpar ou mesmo trocar as lentes através das quais você vem enxergando a si mesma e as outras mulheres. Trocar esse olhar de maldade quando a mão de Deus é boa.[6] Trocar esse olhar de incômodo, inimizade e repúdio por um olhar gracioso, compassivo, humilde e amoroso: a forma que Jesus enxerga. Esse é o primeiro passo: ouvir o que Deus diz sobre nossas irmãs desde o ventre até a eternidade, e parar de morder e devorar umas às outras, para que não sejamos mutuamente destruídas (cf. Gl 5.15).

~~~~~

6   Thomas Manton diz "nossos olhos são maus quando a mão de Deus é boa" em Thomas Manton, *James* (The Crossway Classic Commentaries, 1995), p. 69.

Capítulo 2

CRIADAS PARA AMAR

"Os céus proclamam a glória de Deus, e o firmamento anuncia as obras das suas mãos." (Sl 19.1)

QUEM CRIOU TUDO ISSO?

Você tem trilhado a jornada da vida com olhos e ouvidos atentos para se deleitar nas belezas da criação e exultar em seu Criador? No ordinário e no extraordinário, a vida grita a plenos pulmões: "Observe os detalhes, ouça todos os sons, enxergue as diferenças e veja a glória de Deus!".

Enquanto escrevo este capítulo, tenho uma enorme janela à minha frente. Através dela, tenho o privilégio de enxergar muitos tons de verde em uma mesma árvore, pintados em folhas recortadas de formatos e tamanhos distintos. Vejo os troncos e os galhos em tons marrom-claro, marrom-escuro e verde-musgo. As árvores que aparecem nessa janela são bem diferentes daquelas que eu vejo no meu bairro e se parecem pouquíssimo com aquelas que crescem no lugar em que nasci, no sul do Brasil. Toda essa diversidade faz parte das demonstrações da bondade e do amor de Deus.

Entre as muitas belezas das mãos do Criador, sinto um amor especial pelos pássaros. É impressionante a criatividade de Deus, que se manifesta em tantas cores e combinações de nuances das peninhas; e mais impressionante ainda é o privilégio de vê-las. É maravilhoso constatar que Deus escolheu dar a cada espécie de aves um som único. Ele é criativo e nos ama muito além de nossa compreensão, permitindo-nos ver, provar e nos alegrar com seus feitos (Sl 92.4). "Levantai os olhos e observai as alturas: Quem criou tudo isso?" (Is 40.26).

Quem criou tudo isso? O Senhor, que expôs sua glória majestosa nos céus (Sl 8). E eu nem falei das flores, da marcha de cada estrela do incontável exército celestial ou da lua. Não falei da imensidão do mar e de todas as coisas invisíveis aos nossos olhos. Mas quero falar do que tem ainda mais valor para Deus.

Erga seus olhos. Observe as mulheres, os homens, as crianças, os jovens e os idosos ao seu redor. Levante seus olhos e veja todas as suas formas, altos e baixos, com diferentes cores de pele, cabelos e olhos; enxergue seus sorrisos e suas lágrimas. Escute as vozes doces e firmes, os choros e as risadas. Encontre seus olhos. Contemple as estruturas e as funções, as substâncias e os relacionamentos, os dons e a criatividade, eu e você: Quem criou tudo isso? O que é o homem para que o Deus Todo-Poderoso se lembre dele? (Sl 8.4)

LIMPANDO AS LENTES SUJAS

Responda com sinceridade às seguintes questões:

1) No espelho, o que você vê?

2) O que você vê em mim?

3) Quando você olha para outra mulher na escola, na rua ou no trabalho, o que você vê?

4) Quando você olha para sua mãe, o que você vê?

5) Quando aquela sua amiga sorri, o que você vê?

6) Pense em uma mulher de quem você não gosta. Veio alguém à sua cabeça? Talvez você tenha pensado em mais de uma. Quando ela passa por você, além de sentir aquele incômodo costumeiro, o que você vê?

Já faz tempo que eu percebi que, quando não gosto de uma mulher, a primeira coisa que acontece comigo é uma espécie de cegueira a tudo de bom que ela é e faz. Eu sei que meu olhar gracioso está ali, em algum lugar, mas não me esforço para trazê-lo à memória. Depois, parece que fortaleço minha visão a respeito de tudo que considero defeituoso nela, e quase que sinto satisfação ao fazer isso. E, por fim, como se não bastasse, começo a tentar encontrar defeitos até mesmo nas coisas boas que Deus deu a ela. Você já notou isso em si mesma?

Começou já na infância. Lá estava eu brincando de boneca com minha irmã no chão do quarto, rindo da criatividade dela, amando a forma de ela deixar as bonecas estilosas, com esse talento que ela tem, e sendo grata por ter alguém para brincar comigo todos os dias. Porém, bastava que minha irmã pegasse o sapato da minha Barbie e não devolvesse para eu começar a gritar: "Você é a pior irmã do mundo!". E, nesse momento de egoísmo e ira, nada me fazia lembrar as coisas boas que eu vira nela meio segundo antes.

O tempo foi passando e as coisas não mudaram muito. A convivência com esse clima de rivalidade e desavença permaneceu na escola, na faculdade, no trabalho e na igreja. Esse padrão de como somos vistas e de como enxergamos umas às outras produz efeitos em nossa identidade como mulheres e em nossos relacionamentos, pois o que vemos umas nas outras se expressa por meio de nosso falar. Se essa voz for repleta de maldade e mentira, vai ferir e destruir. Com tantas vozes, até mesmo a sua imagem no espelho fica embaçada.

Temos muito a dizer e ouvir umas em relação às outras, mas, com toda essa gritaria, deixamos de ouvir o que nosso Criador diz de verdade e bondade sobre nós e perdemos a oportunidade de enxergar os vislumbres da graça de Deus quando ele põe alguém em nosso círculo de convivência.

IMAGEM DO PRÓPRIO DEUS: DIFERENTE COMO EU

Vamos ajustar o som e a imagem, diminuir esse barulho e limpar as lentes? A Bíblia nos diz que cada ser humano é imagem e semelhança de Deus (Gn 1. 26,27).[1]

Afinal, o que você vê?

---

1   Veja Gênesis 5.1-3; 9.6.

Sua mãe? Imagem de Deus.

Sua amiga? Imagem de Deus.

A mim? Imagem de Deus.

Sua (não) amiga? Imagem de Deus.

A crente? Imagem de Deus.

A descrente? Imagem de Deus.

Você? Imagem de Deus.

E quem criou tudo isso? O Senhor, que nos formou de modo assombrosamente maravilhoso à sua imagem e à sua semelhança, coroando-nos com sua glória majestosa. Todas nós fomos criadas por Deus assim. Algumas são imagens quebradas; outras são imagens quebradas que estão sendo refeitas pelo sangue de Jesus, como veremos mais adiante. Talvez você até saiba disso, mas não aplica essa verdade em sua vida.

São muitos os textos bíblicos que abordam a grandiosidade da criação do ser humano e seu valor para Deus. O salmista diz: "Que é o homem, que dele te lembres? E o filho do homem, que o visites? Fizeste-o, no entanto, por um pouco, menor do que Deus e de glória e de honra o coroaste" (Sl 8.4-5). Mais adiante: "Pois tu formaste o meu interior, tu me teceste no seio da minha mãe. Graças te dou, visto que por modo assombrosamente maravilhoso me formaste; as tuas obras são admiráveis, e a minha alma o sabe muito bem" (Sl 139.13-14). É isso que somos! Seres maravilhosos, menores apenas em relação a Deus.

O que o ser humano tem de especial? O salmista nos lembra que toda a criação glorifica a Deus. E as pessoas que seguimos na internet nos lembram desse salmo todos os dias, quando postam uma foto do pôr do sol, de belas árvores, de pássaros fofos ou do seu cachorrinho fazendo uma gracinha. Quando vemos o sol nascer ou se pôr, a natureza verde ou seca, e louvamos a Deus por sua criação, lembramos que, mesmo em todo o seu esplendor, a criação não é imagem de Deus. Você e eu, sim. Você louva a Deus por isso também?[2] Nós somos o meio pelo qual a imagem de Deus se torna visível no mundo. Assim, nas palavras de Hoekema: "Sem dúvida, outras criaturas e até mesmo os céus declaram a glória de Deus, mas somente no homem Deus se torna visível".[3]

Além disso, nosso Senhor nos criou diferentes. Ele escolheu plantar uma vegetação diferente em cada cantinho do mundo, da qual, de minha janela, posso vislumbrar apenas uma pequena porção. Deus espalhou sua imagem por um mundo diverso em relevo, fauna e flora. E se deleita com a diversidade que ele sustenta. Não é apenas o comportamento territorialista do beija-flor que fala de sua glória. A conduta em bando dos pardais fala, o espinho da rosa anuncia, assim como o amarelo radiante do girassol e a solitária flor num deserto proclamam a glória de Deus. Cada detalhe da diversidade anuncia sua glória.

Essa magnífica criatividade de Deus não é muito mais intensamente refletida em suas imagens e semelhanças? Você sabe que sim!

---

2   Eu a desafio a postar em sua rede social a foto de uma amiga querida sua com Salmos 19.1,2, pois ela glorifica a Deus de forma muito maior do que seu cachorrinho e minha gatinha. Nós só achamos mais fácil lidar com eles porque Deus não lhes deu ferro para afiar ferro como deu às nossas irmãs em Cristo, não é? Mas isso é assunto para outra parte deste livro. Chegaremos lá.

3   Anthony Hoekema, *Criados à imagem de Deus* (São Paulo: Cultura Cristã, 2018), p. 82.

Você confirma isso quando olha a si mesma no espelho ou observa uma multidão. E sabe disso quando ouve o som do sorriso de sua mãe ou a gargalhada de sua tia.

Somos muito diferentes umas das outras. Você é diferente, como eu: imagem e semelhança de Deus. A diversidade criacional é proclamada pelos céus em mim e em você. Cada detalhe da diversidade anuncia a glória de Deus. O ser humano é semelhante a Deus, pois nós somos seres morais, criativos, artísticos, construtivos, exploradores, criadores de história, comunicativos, amorosos e relacionais.

IMAGEM DO DEUS TRINO: SERES RELACIONAIS[4]

Para os propósitos deste livro, quero enfatizar o caráter relacional de nossa imagem e semelhança com Deus em dois aspectos.

Em primeiro lugar, somos seres relacionais e necessitamos de comunhão. Os relacionamentos não são apenas uma ordem divina; eles fazem parte de nossa essência. Na Trindade, Deus é plural, social e relacional; Deus ama; Deus é comunal. E, se a existência relacional é parte da identidade de Deus, portanto também é da nossa identidade.

Deus nos criou como seres relacionais porque ele é um Deus social. Dentro da Trindade, Deus vive em comunhão com o Pai, o Filho e o Espírito Santo, e ele criou a humanidade à sua

---

4 Não me proponho aqui a um estudo aprofundado sobre a Trindade, mas incentivo-a a estudar melhor o assunto e sugiro a leitura de Tim Chester, *Conhecendo o Deus trino* (São José dos Campos: Fiel, 2018); e Michael Reeves, *Deleitando-se na Trindade* (São Paulo: Monergismo, 2014).

imagem. Gênesis 2 não se refere primordialmente à solidão de Adão, mas revela a natureza com a qual Deus o criou.[5]

Deus Pai, Filho e Espírito Santo estão em comunhão eterna e existem como uma "pluralidade".[6] Nós somos relacionais, pois espelhamos o Deus que existe eternamente, em perfeita relação de amor dentro da Trindade. À imagem e à semelhança de Deus, vivemos também em uma tríplice relação: com Deus, com nossos semelhantes e com a natureza. Portanto, não importa se somos solteiras, casadas, viúvas, separadas, crianças, adolescentes, adultas ou idosas, não somos feitas para caminhar sozinhas.

Em segundo lugar, fomos criadas para ter relacionamentos harmoniosos. Porque Pai, Filho e Espírito se amam em perfeita harmonia eternamente, sua imagem deveria refletir essa harmonia. Antes da Queda, era assim entre Adão e Eva, bem como entre eles e Deus. Isso só mudou por causa do pecado, pois o homem tinha perfeito relacionamento com Deus, caracterizado por amor, obediência e serviço. E também amava e servia ao seu semelhante em harmonia, sem rivalidade. O relacionamento com o Criador transbordava em relacionamentos harmoniosos com os homens e com a criação.

Antes da Queda, o ser humano não era arrogante, não era invejoso, não manifestava ira, não era dado a facções, não era inclinado a rixas ou rivalidades, não era rancoroso nem falso, não usava a língua para ferir nem envenenar com calúnias e difamações. O homem feito

---

5   Tim Lane; Paul David Tripp, *Relacionamentos: uma confusão que vale a pena* (São Paulo: Cultura Cristã, 2019), p. 18.
6   Anthony Hoekema, *Criados à imagem de Deus* (São Paulo: Cultura Cristã, 2010), p. 24.

à imagem de Deus não se ressentia da diversidade criada por Deus, nem feria seu semelhante com ofensas ou espada. Nossa rivalidade teve início quando decidimos ser rivais de Deus.

IMAGENS QUEBRADAS: PECADORAS

Mas e se ela não for cristã? Ela ainda é a imagem de Deus. Assim é você, sua mãe, sua amiga e sua (não)amiga — nenhuma delas é *comum*:

> Não existem pessoas comuns. Você nunca conversou com um mero mortal. Nações, culturas, artes, civilizações — essas coisas são mortais, e a vida dessas coisas é, para nós, como a vida de um mosquito. No entanto, é com os imortais que fazemos piadas, trabalhamos e casamos; são os imortais aqueles a quem esnobamos e exploramos — horrorosos imortais ou eternos esplendorosos.[7]

O pecado entrou no mundo e criou uma barreira no relacionamento do homem com o Deus Santo (Gn 3.6-13). A Queda tornou o homem rebelde e desobediente, inimigo de Deus. O pecado cegou o homem para a verdade de Deus, ainda que conviva com ela diariamente (Rm 1.18-20). Algo está errado com o mundo, com os anseios do homem, com a criação e com nossos relacionamentos. Mortes, guerras, separações, brigas, traições, rivalidades, mágoas, dores e sofrimentos marcam todos os homens e suas relações.

---

7 C. S. Lewis, *O peso da glória* (São Paulo: Thomas Nelson Brasil, 2017), p. 50.

Até mesmo os descrentes sabem que nasceram quebrados em um mundo quebrado. Por essa razão, a poesia busca respostas, a música canta as dores comuns e a ficção retrata anseios reais. Mas, por causa da intervenção de Deus, apenas os cristãos estão livres da cegueira da descrença e reconhecem a verdade de que o mundo está quebrado por causa do pecado. E reconhecer nossa condição pecaminosa implica reconhecer que precisamos de um Salvador para nos redimir e também as nossas relações. Mas como fomos afetadas a ponto de precisar de um Redentor?

Homem e mulher escolheram pecar ao comerem o fruto. Nossa imagem ficou manchada e nossa relação vertical com Deus foi destruída, levando-nos a uma total inimizade com ele (Is 59.1-3). Como nosso relacionamento com Deus é a base de todos os nossos relacionamentos, a Queda também modificou nosso relacionamento horizontal com a Criação e com nossos semelhantes. Nosso relacionamento com Deus foi quebrado. O desejo de se tornar como Deus dominou Adão e Eva, e o amor-próprio tornou-se maior do que o amor ao Senhor. Ao perceberem a própria situação, esconderam-se de Deus. O relacionamento já estava rompido.

Nosso relacionamento com a cultura foi quebrado. Isso se mostra na dinâmica deles com a serpente. A serpente sagaz, mesmo sendo o diabo (Ap 12.9), ainda é parte da criação. E a responsabilidade de dominar sobre as coisas criadas incluía o cuidado e a proteção com o que lhes era inferior. De forma irônica, o primeiro derramamento de sangue na história acontece justamente para cobrir a vergonha de Adão e Eva com peles de animais, de modo que temos a primeira pista de que não seria possível lidar com o problema do pecado sem derramamento de sangue.

E nosso relacionamento com os semelhantes? A mulher ouve e é enganada pela serpente. Em Gênesis 3.1-14, a mulher é enganada pela serpente e decide, sozinha, o curso de sua ação, sem consultar seu companheiro. E o homem? Onde ele estava quando recebeu de Deus a instrução sobre a árvore do bem e do mal, enquanto a varoa falava com a serpente? E a mulher, que deveria ter desempenhado seu papel de auxiliadora idônea, dá o fruto ao homem e ele decide aceitar e comer.

Eles pecaram e se esconderam. Mas Deus foi ao encontro de Adão e perguntou: "Onde estás?" (Gn 3.9). Quando Deus o chama, eles reagem com troca de acusações. O homem responde ao Senhor acusando a mulher de ter dado do fruto da árvore a ele, ao mesmo tempo que também culpa o próprio Deus: "A mulher que *tu* me deste por esposa" (Gn 3.12). Por causa do pecado, eles estão amando mais a si mesmos do que a Deus e o próximo.

Com a Queda, a humanidade passa a viver na tensão de domínio e rebeldia. Gênesis 3 termina com a expulsão do homem do Éden; Gênesis 4 já começa com a trágica história dos filhos de Adão e Eva. E os relacionamentos vão-se tornando rapidamente cada vez mais destrutivos. A partir de então, lemos na Bíblia inúmeras histórias de relacionamentos corrompidos pelo pecado no meio do povo de Deus, relacionamentos marcados por rivalidade e violência. Logo, chega o momento em que Deus decide que o mundo precisa ser destruído pelo Dilúvio. E, após o Dilúvio, ainda dentro de uma mesma família, o pecado continua manchando o amor.

No Éden, Deus disse que todas as coisas eram boas. Porém, em Gênesis 6.11-12, Deus olha para a terra e o que vê não é bom, pois enxerga corrupção e violência. Desde o Éden, a harmonia da humanidade está corrompida.

GRAÇA DE DEUS SOBRE O PECADO HUMANO

Pode parecer justificável o desejo de nos afastarmos das pessoas quando enxergamos esse caos. No entanto, é muito importante observar que a Bíblia continua abordando a necessidade de sermos relacionais mesmo após a Queda, a começar pelo fato de Deus ter feito para si uma grande nação e de se haver revelado a um povo.

O Senhor deu uma terra para Israel habitar. Como? Em conjunto. Nosso Criador escolheu uma nação e nós vimos o agir dele sobre um povo, e por meio da união desse povo, desde o começo. E Deus usou essa união, apesar do pecado. Vejamos alguns exemplos até mesmo antes de Israel existir.

Deus manteve sua aliança com Adão e Eva, mesmo diante da infidelidade deles. O juízo de Deus foi a morte, mas, junto a esse juízo, ele afirmou que haveria descendentes, ainda que em meio a dores multiplicadas. E isso aconteceu. Eva se multiplicou e dela veio um povo. É a graça de Deus sobre o pecado. E Deus prometeu que, um dia, a serpente seria vencida por um descendente da mulher (Gn 3.15).

No Dilúvio, Deus escolheu preservar toda a casa de Noé e os pares de todos os animais. Deus estava preservando um povo para si. Ele poderia, sim, ter escolhido soberanamente preservar apenas Noé e não dar mais fôlego de vida a nenhum homem. Mas o Senhor, graciosamente, abençoou Noé e seus filhos, dizendo-lhes: sede fecundos, multiplicai-vos e enchei a terra. O Senhor separou para si um povo. É a graça de Deus sobre o pecado.

No Antigo Testamento, vemos muitos outros exemplos dessa dinâmica de pecado e graça coexistindo nos relacionamentos, mesmo após a Queda: Moisés com seu sogro, Rute e Noemi, as histórias dos filhos de Jacó e Saul com o jovem Davi. Isso sem contar o próprio Davi e Jônatas, amigos que se haviam comprometido a fazer o bem um ao outro, apesar de todas as dificuldades. Todas essas são histórias de pecado e graça. Está tudo registrado nas Escrituras. Aprouve a Deus que pudéssemos ler todos esses exemplos e verificar que, mesmo não sendo pessoas perfeitas, Deus as usou para seus propósitos. Essas são provas de como Deus é fiel mesmo quando somos infiéis e de como somente ele pode transformar trevas em luz.

Desde o princípio, Deus nos presenteou com uma comunidade para nos fortalecer, para que possamos amar e ser amadas. Em Levítico 19.18, a lei já ordenava que amássemos ao próximo como a nós mesmos. Deus usa essa comunidade para nos encorajar, aconselhar, corrigir e sustentar. E tudo isso é difícil demais. Os conflitos são inevitáveis. Porém, mesmo em face de todas as dificuldades e de todos os pecados, o Senhor continua dizendo que é bom e agradável que vivamos em comunidade, e sua Palavra continua exortando-nos à união (Sl 133; Hb 10.25; Gl 6.2).

Você sabe que agir assim é difícil e extremamente doloroso. O mundo também reforça essa noção por todos os meios possíveis. Faltam desejo e força para querermos estar unidas em meio a tantos problemas. Mas nós temos o privilégio do amor. E a harmonia humana só é possível em um relacionamento de amor com Deus. E esse relacionamento só é possível por uma via: Jesus Cristo. Só há um caminho para conseguirmos a força necessária para nos relacionar uns com os outros: Cristo formado em nós. Só há uma armadura capaz de nos equipar adequadamente para lutarmos contra o desejo por isolamento: novas vestes dadas por Jesus.

Enquanto tentarmos estabelecer relacionamentos com nossas próprias forças, as coisas provavelmente não andarão bem. Mas, renovadas à imagem de Cristo e cobertas com seu amor, vamos cobrir também nossas irmãs com um olhar mais gracioso, movendo-nos em amor umas em direção às outras.

Capítulo 3

COBERTAS COM AMOR

"Um novo mandamento lhes dou: Amem-se uns aos outros. Como eu os amei, vocês devem amar-se uns aos outros. Com isso todos saberão que vocês são meus discípulos, se vocês se amarem uns aos outros." (Jo 13.34-35)

"O meu mandamento é este: que vos ameis uns aos outros, assim como eu vos amei. Ninguém tem maior amor do que este: de dar alguém a própria vida em favor dos seus amigos." (Jo 15.12-13)

MAS, DEUS...

No capítulo anterior, começamos limpando as lentes para enxergar o valor que todas as mulheres[1] têm como imagem e semelhança

---

1   Na verdade, isso vale para todo ser humano, mas o foco aqui é a forma que nos enxergamos umas às outras.

de Deus. Vimos que fomos criadas para viver essa semelhança em santidade, em um relacionamento de profundo amor e de adoração ao nosso Pai. Essa nossa criação nos dá identidade e também ordena a direção do nosso coração. Portanto, somos pessoas religiosas por natureza, seres adoradores criados para a satisfação plena na glória de Deus.

Quando o pecado entra no mundo, a imagem que carregamos de Deus é quebrada. O relacionamento tão precioso com o Senhor sofre uma ruptura e nos coloca em inimizade contra Deus, que é Santo, que se ira contra o pecado e o condena com pena de morte eterna (Cl 1.22; 3.5-6). A partir daí, o quebra-quebra é para todos os lados dos nossos relacionamentos: com Deus, com a criação e entre as criaturas. Nossa natureza adoradora permanece, mas agora está desordenada, substituindo a glória de Deus pela adoração a coisas criadas, pelo ato de erguer ídolos, embora nunca encontremos satisfação nessas coisas (Rm 1.18-32). É nessa posição que todas se encontram sem Cristo.

No entanto, a história do povo de Deus, de seus eleitos, é uma história ao estilo "*Mas, Deus…*". Uma história de Deus intervindo para mudar o rumo das coisas. Não é diferente com você, com seu pecado e com a situação dos relacionamentos ao seu redor. A má notícia é que, por causa do pecado, não há nada que possamos fazer por nós mesmas para aplacar a ira de Deus. Não podemos pagar o preço por nossos pecados e deixar de ser inimigas do Senhor por nossa própria conta. "*Mas, Deus…*" (como em Ef 2.4), o próprio Senhor, age em nosso favor com seu imenso amor, graça e misericórdia. Mas o que ele faz?

Ele nos cobre com seu amor, enviando ao mundo seu Filho para viver uma vida santa, pagar o preço do pecado e ressurgir da morte, tudo isso em nosso lugar. Essa é a boa notícia do evangelho: Jesus Cristo morreu pelos nossos pecados, foi sepultado (Mt 27.66) e ressuscitou ao terceiro dia (1Co 15.1-4). A ira justa e santa de Deus contra o pecado foi completamente satisfeita em seu Filho, que nos substituiu, e todos os que estão cobertos com o sangue de Jesus são perdoados de seus pecados. A justiça dele é a nossa justiça: "Aquele que não conheceu pecado, ele o fez pecado por nós; para que, nele, fôssemos feitos justiça de Deus" (2Co 5.21). Ele ressuscitou e nós temos vida com ele. Por quê? Por *Hesed*, por amor leal e sacrificial, o amor de Deus em nosso favor prometido no pacto da graça.[2]

UM AMOR INCOMPARÁVEL

Em seu ministério, Jesus fala repetidas vezes de amor, como vimos no Capítulo 1. Ele nos traz uma nova perspectiva desse amor ao nos dizer que devemos amar assim como ele amou (Jo 13.34). Afinal, o amor que, irrevogavelmente, cobriu multidões de pecados foi o mesmo que o cobriu com sangue. Essa é a maior expressão de amor que já existiu.

O amor do Pai por nós é provado "pelo fato de ter Cristo morrido por nós, sendo nós ainda pecadores" (Rm 5.8). Perceba a beleza disso: Jesus não foi para o Calvário por sermos seus amigos; ele foi para morrer por pecadores para, então, nos tornar mais que amigos.

---

2   Esse termo em hebraico pode ser traduzido de várias formas, e é algo maior do que meramente *amor*. Por vezes, refere-se ao amor pactual, à fidelidade ou até mesmo à benevolência de Deus para conosco.

Jesus não morreu para fazer com que Deus Pai nos amasse; ele morreu porque o Pai já nos amava. "Ninguém tem maior amor que este: de dar a vida em favor dos seus inimigos." É esse amor que cobre você e suas irmãs em Cristo. Ele pagou a dívida. Quando ele deu seu último suspiro e disse "está consumado" (Jo 19.30), a porta para a redenção dos pecados dos que creem foi aberta; digno é o Cordeiro que foi morto (Ap 5.12), ressuscitou e ascendeu aos céus.

Nossa resposta? Crer e confessar que Jesus é Senhor e Salvador, e que Deus o ressuscitou (Ef 2.8-9; At 16.31; Rm 10.9). Que verdade maravilhosa! Porque Deus não poupou seu próprio Filho, nós temos reconciliação (2Co 5.14-21; Rm 5.1-11; Ef 2.14-21; Cl 1.20-23) com Deus, somos adotadas e saímos da condição de inimigas para filhas amadas de Deus. Como explica o apóstolo João: "Vede que grande amor nos tem concedido o Pai, a ponto de sermos chamados filhos de Deus" (1Jo 3.1). Porque Deus não poupou seu próprio Filho, nós recebemos o Espírito Santo de Deus e nos tornamos parte de um corpo com Cristo como cabeça. Esse corpo é o que a Bíblia chama de *igreja*.

Isso significa que na igreja *já* será tudo perfeito? Que na igreja de Cristo já não teremos mais essas contendas que vemos entre os que não têm o Espírito Santo? Podemos esperar que, na igreja, com os santos em Cristo, não vamos nos decepcionar e viveremos "felizes para sempre"? Podemos ter a expectativa de perfeição entre as irmãs de nossa igreja local?

Ainda não!

JÁ

Há muitos aspectos dessa obra de Cristo em nosso favor que podem ser vistos e experimentados já nesta vida. Já? Sim, pois Jesus já completou sua obra na cruz, nos salvou, nos libertou do pecado e, unidas com Cristo, já somos novas criaturas habitadas pelo Espírito de Deus (1Co 6.19). Já, pois o evangelho não termina com a nossa salvação nem diz respeito apenas ao que vai acontecer quando morrermos; o evangelho é boa-nova para nosso viver agora até a eternidade.

Um meio legítimo de pensar no que Deus faz na obra da salvação é analisar de que forma ele restaurou o reflexo de sua imagem em nós por meio do ato de nossa reconciliação em Cristo. Ele nos faz parecidos com Jesus de novo, com base no que ele é (cf. Cl 1.20, 21-22; 3.10). Nós, que viemos a crer, temos uma nova identidade e um novo valor. O Espírito Santo de Deus torna cada uma de nós cada vez mais parecida com Deus, mais especificamente com Jesus Cristo. É assim que nossa imagem está sendo refeita.

Na obra da redenção, Deus restaura graciosamente sua imagem no homem ao torná-lo uma nova criatura, reabilitando o indivíduo a cultivar relacionamentos verdadeiros e saudáveis tanto na dimensão vertical (ser humano-Deus) como na dimensão horizontal (uns com os outros). Nossa responsabilidade é sermos imitadores de Deus, de acordo com o chamado de Paulo: "Sede, pois, imitadores de Deus, como filhos amados" (Ef 5.1).

Essa é nossa tarefa, para isso fomos chamadas, essa é a nossa responsabilidade, embora necessitemos da graça de Deus para nos capacitar. Não se trata, contudo, de que seremos salvas se imitarmos direitinho; é que, uma vez salvas, Cristo vive em nós e produz frutos. Assim, nós seguimos os passos de Jesus, imitando-o por amor e gratidão.

Só podemos imitar quem conhecemos, correto? Você já viu como mães e filhas se parecem em vários aspectos? No jeito de falar (até mesmo na voz), no jeito de andar e em algumas manias. Isso acontece por causa do tempo de convivência. Assim como também vamos ficando parecidas em algumas coisas com nossas amigas mais próximas. Se eu pedir a você para imitar uma mulher de seu grupo de estudos, você vai imitar as partes que conhece dela. Entende? Não temos como imitar Jesus se não o conhecermos e se não convivermos com ele, se não tivermos um relacionamento real com ele. Somos transformadas ao contemplarmos a glória do Senhor. Como Paulo explica: "E todos nós, com o rosto desvendado, contemplando, como por espelho, a glória do Senhor, somos transformados, de glória em glória, na sua própria imagem, como pelo Senhor, o Espírito" (2 Co 3.18).

Veja que linda ideia! Estamos contemplando a glória do Senhor ao conhecê-lo cada vez mais e, assim, somos transformadas em crescente glória, em sua própria imagem. Suas irmãs em Cristo também estão sendo transformadas, e Deus usa cada uma delas para nos confrontar e dar vislumbres visíveis daquele a quem temos de imitar. Você já viu Cristo no rosto de suas irmãs? Não é bom quando conhecemos algum cristão que nos faz lembrar de Jesus Cristo? Deus é glorificado nisso. Afinal, se todos nós começamos tão corrompidos e sujos, tudo o que temos de belo é graças a ele e celebra quem ele é.

Tenho a bênção de conviver com muitas pessoas que espelham Cristo na igreja local. A Bianca, por exemplo, é uma amiga muito amada por mim. Ela é uma irmã um pouco mais velha do que eu e, para meu privilégio, foi minha discipuladora por alguns anos. Durante os anos em que fui recebida em sua casa, pude aprender sobre o amor de Jesus por mim não apenas nos livros que estudávamos juntas, mas também pelo amor genuíno dela por mim e por cada uma das outras mulheres do grupo. Esse amor foi demonstrado e ensinado por meio de sua hospitalidade, da alegria em dividir uma refeição conosco e nas repetidas ocasiões em que ela abria um enorme sorriso e dizia: "Que bom que você chegou!", quando alguém chegava atrasada.

Observe que eu disse que o amor foi ensinado, pois, por muito tempo, observei essa paciência amorosa da Bianca com os atrasos e eu não me sentia capaz de ter essa mesma paciência. Eu pensava que, no lugar dela, daria uma boa bronca em minhas amigas atrasadas. O que eu não percebia naquela época era o tanto de paciência que a Bianca também despendia comigo em outras áreas nas quais eu falhava repetidas vezes. Essa irmã é falha, sim, claro, mas está sendo transformada no dia a dia, e eu vejo evidências disso em sua vida.

Se tivermos o olhar atento e gracioso, encontraremos a graça que também habita em nossas irmãs, pois todas nós, aos poucos, estamos nos tornando semelhantes a Cristo. Desse modo, seremos capazes de glorificar a Deus por tudo de bom que elas são e fazem, simplesmente porque o que for bom no que elas são e fazem é Deus agindo nelas.

Há um vínculo entre nós que fomos regeneradas, um vínculo que não podemos ignorar. Se precisamos ajustar as lentes para enxergar as imagens de Deus no mundo, quanto mais não precisamos do Espírito Santo para enxergar suas filhas amadas e redimidas da mesma forma que Deus as enxerga?

Você não deveria olhar para essas mulheres como imagens de Deus arruinadas pelo pecado, mas como imagens de Deus ao mesmo tempo refeitas e em processo de restauração em Cristo Jesus. Olhar para todas elas como novas criaturas: "Assim que, nós, daqui por diante, a ninguém conhecemos segundo a carne; e, se antes conhecemos Cristo segundo a carne, já agora não o conhecemos deste modo. E, assim, se alguém está em Cristo, é nova criatura; as coisas antigas já passaram; eis que se fizeram novas" (2Co 5.16-17).

Portanto, são mulheres adotadas pelo mesmo Pai, e ele as chama de "filhas amadas". Irmãs, somos uma família. Olhe ao seu redor, é tudo magnífico: em sua igreja, você está rodeada de imagens de Cristo sendo refeitas pelo Espírito que habita nelas. Mas, assim como você, esses templos vivem em tensão constante de luta entre a carne e o Espírito.

MAS AINDA NÃO

Ainda não. Já somos parecidas com Cristo, mas ainda não somos o que seremos. Ainda lutamos contra o pecado e estamos em processo de santificação. Aqui, *ainda não* é nossa casa final — afinal, estamos aguardando a vinda de Cristo glorificado. Esperamos o que não vemos e, com paciência, o aguardamos (Rm 8.25). Ainda não porque, como vimos no Capítulo 2, ainda habitamos um mundo caído e um corpo quebrado que sofre e geme. Ainda não, porque nossa transformação não é imediata; é gradual. É o que chamamos de processo rumo à santificação.

O Reino de Deus *já* é uma realidade presente, *mas ainda não* é plena. E por essa razão é que continuamos a orar e esperar: "Venha o teu reino". Nas palavras de John Piper:

> O que aprendemos com Romanos 6 e 7 é que, quando confiamos em Cristo como nosso Salvador e Senhor (como nosso Tesouro!), somos unidos a Cristo (Rm 6.5; 7.4). Nesta união com Cristo morremos (Rm 6.8; Cl 2.20; 3.3) e ressuscitamos (Rm 6.4; Cl 2.12; Ef 2.6). Portanto, uma nova criação decisiva e irrevogável surgiu (2Co 5.17), e uma libertação decisiva e irrevogável libertação aconteceu (Rm 6.14,18). Nós passamos da morte para a vida (eterna!). Nosso julgamento decisivo ficou para trás — no Gólgota (Jo 5:24). Passamos do domínio das trevas para o reino do Filho de Deus (Cl 1.13).
>
> Mas nós também aprendemos que nossa libertação do pecado ainda não é final e perfeita. **Decisiva e irrevogável, sim! Mas final e perfeita, não!** O pecado ainda habita dentro de nós (Rm 7.17,20). O mal está presente em nós (Rm 7.21). A "carne" é um perturbador diário de nossas almas (Rm 7.25). Ainda não somos perfeitos nem já obtivemos nossa coroa e recompensa (Fp 3.12). Seremos mentirosos se dissermos que não temos pecado (1Jo 1.8,10).[3]

───

3   Disponível em: https://www.desiringgod.org/articles/already-decisively-and-irrevo-cably-free-not-yet-finally-and-perfectly-free. Tradução livre.

Vivemos à luz dessa tensão entre o *já, mas ainda não* aplicada à nossa condição atual e aos nossos relacionamentos. Entender isso foi extremamente importante para o amadurecimento das minhas amizades e eu tenho certeza de que será também para você. Ajudou-me significativamente a enxergar que minhas irmãs crentes são uma obra em andamento, e não obras completas. Que são gente em reconstrução, não gente perfeita. E que isso é verdadeiro também em relação a mim, como muitas irmãs pacientemente percebem.

Fomos libertadas do domínio do pecado por Cristo Jesus. Não somos mais escravas do pecado e, por essa razão, a Bíblia diz que não existirá tentação maior do que suas forças, de modo que você não seja dominada pelo pecado (1Co 10.13). Porém, ainda não estamos livres da presença do pecado.

Assim, mesmo no Novo Testamento, após Cristo completar seu sacrifício, ascender aos céus e deixar o Espírito para habitar em nós, os eleitos continuam a pecar. Perceba que as epístolas estão repletas de exortações quanto a pecados ainda sendo cometidos não pelos ímpios, mas pela igreja salva. As exortações de todo o livro de Tiago, por exemplo, quanto à maldição da língua destinam-se àqueles que estão dentro da igreja. Alguns esperam encontrar gente perfeita na igreja, mas não é isso que a Palavra de Deus exibe. Ao contrário, ela conta a história do povo falho do qual você faz parte e de nossas contínuas necessidade e dependência de Jesus.

Você já deve ter dito e escutado um crente dizer após um erro cometido: "Mas eu ainda peco!". Essa é uma forma comum de as pessoas tentarem justificar-se. Como quem diz "não espere de mim nada diferente disso, ok?". Quem pensa assim falha na compreensão de Romanos 6. Nossa salvação é evidenciada por uma vida de mortificação do pecado e de servidão à obediência (Rm 6).

O objetivo não é dar desculpas ou ignorar os erros e pecados, mas, sim, ter consciência de que há uma guerra diária entre carne e Espírito em você e em suas irmãs em Cristo (Gl 5.17). Então, quando deparamos com nosso próprio pecado, é fácil lembrar que a santificação é gradual, mas por que, quando vamos lidar com o pecado de nossas irmãs, esperamos instantaneidade? Temos de caminhar com mais humildade, encorajando e incentivando nossas irmãs à medida que vamos progredindo juntas (Gl 6.1-2). Acima de tudo, devemos confiar no trabalho que o Espírito Santo está fazendo em cada uma de nós. O "ainda não" ajusta as expectativas para colocá-las no lugar certo: Jesus. Você e suas irmãs ainda lutam contra o pecado todos os dias, mas é possível vencê-lo se estiverem na dependência de Cristo, pois ele já triunfou (Gl 5.24; Rm 8.12-14).

Mentimos quando dizemos que não temos pecado (1Jo 1.8-10) ou quando esperamos não encontrar mais pecados em nossos irmãos e irmãs aqui nesta vida. Um dos privilégios de ser igreja é caminhar com nossa família da fé e acompanhar o processo de santificação que o Espírito Santo está operando em cada uma de nós, colocando-nos à disposição de Deus para que nos use no processo de santificação de outras irmãs. O que muda com esse ajuste é sua reação aos pecados alheios e o objetivo de sua reação. Devemos odiar o pecado, sim, da mesma forma que Deus odeia. Mas não devemos nos assustar com os pecados de nossas irmãs, condenando-as ou rejeitando-as. Nossa reação deve ser a de amar, exortar, encorajar e servir (Hb 3.12-13).

Sabe por que conviver na igreja produz alguns incômodos e muitas pessoas acabam se retirando por causa dos conflitos? Não é simplesmente pelo pecado do outro, mas pelo choque do pecado do outro com seu próprio pecado — como aconteceu com Natã e Davi (2Sm 12). Você já percebeu que muitos dos seus pecados só são revelados quando você mesma está se relacionando com outras mulheres, especialmente aquelas que são diferentes de você? Isso, porém, não significa que a convivência e as amizades gerem esses pecados em você. Eles já estão em seu coração, mas são revelados em meio aos desafios e às bênçãos de viver em comunhão.

Ter um encontro com suas próprias falhas é dolorido, e Deus escolheu justamente a convivência com suas irmãs na igreja local como um dos meios de graça para fazer você reconhecer seus pecados, tratá-los e abandoná-los. O processo de santificação é uma tarefa comunitária. Precisamos da cooperação e dos dons umas das outras para que possamos crescer juntas em amor, tornando-nos cada vez mais semelhantes a Cristo (Ef 4.16).

A JUSTAPOSIÇÃO DE ERAS NO RELACIONAMENTO ENTRE AS MULHERES

A vida em comunidade é muitíssimo complicada justamente por ser essa comunidade que, ao mesmo tempo, já se encontra renovada pelo Espírito de Deus, mas ainda não se viu livre da presença do pecado. Enquanto estivermos aqui, somos pecadoras justificadas lidando com pecadoras justificadas. Mas essa também é uma comunidade graciosa, pois o Senhor está trabalhando nela e, enquanto ele trabalha, podemos, sim, provar e ver sua bondade e misericórdia.

Continuamos a ser um povo amado e separado por Deus, e vemos sua graça agir sobre o pecado humano.

Nos próximos capítulos, vamos olhar com mais atenção para alguns pecados com que nós, mulheres, ainda lutamos e que quebram a unidade que devemos nos esforçar em manter.

PARTE 2
Reconciliadoras

"Fiel é a palavra e digna de toda aceitação: que Cristo Jesus veio ao mundo para salvar os pecadores, dos quais eu sou o principal." **"**

1TM 1.1

Na primeira parte, espero que você tenha sido encorajada, pois Deus está operando em cada uma de suas filhas amadas por meio do agir do Espírito Santo. Ele as chama e capacita a imitar Jesus: crescendo em amor, buscando a santidade para a qual fomos chamadas e batalhando contra o pecado com diligência (cf. Hb 12.14; 1Pe 1.15,16).

São ações. Ressalto isso porque sei que, no dia a dia, somos tentadas a crer que não temos um trabalho a fazer em prol de nosso processo de santificação. No entanto, embora sejamos justificadas exclusivamente pela justiça de Jesus, a Palavra de Deus nos chama à responsabilidade para com a obediência à lei e nos adverte a nos esforçarmos ativamente na substituição do pecado por justiça, das trevas por luz. Pois, "como viveremos ainda no pecado, nós os que para ele morremos?" (Rm 6.2; cf. Fp 2.12-13).

Aqui na Parte 2, vou apresentar alguns padrões pecaminosos que batalham contra o amor e a comunhão pacífica entre as mulheres na igreja nessa justaposição das eras "já, mas ainda não" em que vivemos. Para cada um deles, proponho soluções bíblicas na esperança de lidar e substituir essas ações pecaminosas por ações de amor. Eu escolhi tratar de alguns pecados específicos, até mesmo juntando alguns no mesmo tema. Não tenho a ambição de ser exaustiva, mas tão somente ilustrativa. Mas cabe deixar claro que todos os pecados que cometemos, inclusive aqueles que não cito aqui, são primariamente contra Deus e, consequentemente, atingem também nossos relacionamentos horizontais (como vemos em Gn 3). Além disso, todos os pecados que escolhi listar aqui estão interligados. É preciso abordarmos todos eles em conjunto.

E, por falar em "lidar", sei que, na vida em comunidade da igreja, você sofre as consequências dos pecados de outras mulheres. É assim porque nós somos um corpo. Mas, quando começarmos a abordar alguns aqui, resista à tentação de se vitimizar ou de ler pensando em como eles cabem muito bem às outras, e não a você. A mesma trave que cega você aos próprios erros magnifica os erros das outras pessoas ao seu redor. Essa trave não permite que você se enxergue no espelho. Como bem observam Timothy Lane e Paul Tripp, "o erro fatal da sabedoria humana é a sua promessa de que você pode mudar seus relacionamentos sem ter que mudar a si mesmo".[1]

Ficarei feliz se, durante a leitura dos próximos capítulos, você conseguir refletir, colocar-se diante do Senhor e reconhecer seus próprios pecados e suas reações pecaminosas aos pecados de outras mulheres. Mas o importante é que, ao se encarar no espelho, você seja lembrada da necessidade diária do evangelho e da confiança que pode ter nele. Quero que você seja fortalecida no poder transformador do evangelho para sua vida hoje, com a certeza de que Deus nunca vai colocá-la em uma situação na qual você não tenha alternativa que não seja pecar. E que você encare os pecados que afetam seus relacionamentos com a confiança de que não carrega mais a culpa por eles, pois já estão perdoados por Jesus (Rm 6.5-7; 8.1; Cl 2.13-14).

O Espírito Santo de Deus está trabalhando em seu coração e no de suas irmãs em Cristo. Para isso, ele está usando as mulheres que Deus escolheu soberanamente para fazerem parte da mesma igreja

---

1 Tim Lane; Paul David Tripp, *Relacionamentos: uma confusão que vale a pena* (São Paulo: Cultura Cristã, 2011), p. 20.

que você para sua transformação. Você se lembra que alguns de seus pecados só são revelados na convivência com outras mulheres? Deus trabalha em você por meio dos relacionamentos nos quais ele mesmo a insere. O processo de santificação é comunitário (Ef 4.11-16). Abrace esse presente que Deus lhe deu de caminhar em comunhão na igreja.

Capítulo 4

O AMOR NÃO É INTOLERANTE NEM MALDOSO

"O ódio excita contendas, mas o amor cobre todas as transgressões."
(Pv 10.12)

A ARTE DE CONVIVER

"A arte de viver
É simplesmente a arte de conviver...
Simplesmente, disse eu?
Mas como é difícil!"
(Mário Quintana)

Eu e minha irmã não somos nem um pouco parecidas em nosso modo de ser, em nossas ações ou reações. Aprouve a Deus que essas diferenças tivessem de dividir o mesmo quarto por pouco mais de duas décadas. Nossa convivência nem sempre era pacífica. Num estalar de dedos, o quarto ia da montagem de casas de bonecas para um levantamento de trincheiras. Quando nossas brigas resultavam de pecados e erros reais, era um pouco mais fácil balançar a bandeira branca. Isso porque nossa mãe entrava em jogo para garantir que as armas seriam descarregadas com o reconhecimento do erro, o pedido de perdão e a reconciliação. Contudo, as brigas mais frustrantes e que tinham solução mais complexa resultavam de querer que ela pensasse e agisse como eu agiria em coisas que ela não estava errando. Esses foram os conflitos que geraram mais feridas no coração, pois eu chamava o bem nela de mal simplesmente por ser diferente de mim. "Simplesmente, disse eu? Mas como é difícil!"

Em nosso caso, à medida que fomos crescendo em maturidade, crescemos em compreensão, tolerância e até mesmo admiração das idiossincrasias recíprocas. E foi assim que percebemos que poderíamos trabalhar juntas. Eu nunca tive talentos artísticos ou manuais. Enquanto todos os trabalhos escolares com desenho e papel crepom da minha irmã eram prazerosos e recebiam elogios, os meus eram quase uma tortura para mim e para quem os via prontos. Hoje, minha irmã exerce esses talentos na profissão que escolheu — ela é *designer*. A mim, Deus deu uma parcela de imaginação e criatividade que se expressa por meio de palavras.

Os talentos que recebi me fizeram escolher a profissão de publicitária e escritora. Somos irmãs, com pouca diferença de idade, criadas pelos mesmos pais, mas Deus nos fez diferentes em praticamente tudo. Deus deu dons e talentos diferentes nas mãos de cada uma e foram necessários anos para percebermos como eles se complementam. Nós duas já fizemos vários trabalhos juntas: eu criando a parte conceitual e textual das campanhas de comunicação; e ela dando vida aos projetos com suas artes. Essas nossas diferenças fizeram de nós duas uma boa dupla de trabalho. Eu amo, admiro, encorajo e vibro com as aptidões que Deus deu à minha irmã. Ela ama, admira, encoraja e vibra com as qualidades que Deus me deu. Nós amamos trabalhar juntas e somar o que Deus deu a cada uma, de modo que isso resulta em um bom trabalho. Graças a Deus, a estranheza de nossas diferenças não nos afastou!

Infelizmente, não são todas as irmãs dentro de uma mesma família que conseguem encontrar um caminho construtivo para suas discordâncias. Os desafios familiares também estão presentes em nossa família da fé. Sua igreja também é uma família que Deus escolheu para você, e as irmãs que nela estão não são escolhas suas. O choque resultante dessas diferenças é ainda maior: criação, gostos, modo de ser, idade, estado civil, condição financeira, dons, talentos e muito mais pessoas que fazem coisas que não agradam a você. Você consegue pensar em alguma irmã que você sabe não estar errando, mas que você está sempre condenando por causa do jeito dela?

INTOLERANTES

Eu sei que, hoje, o termo "intolerância" está culturalmente bastante carregado — em especial de questões ideológicas. Além disso, quando pensamos que temos de tolerar alguém diferente de nós, por exemplo, esse "tolerar", esse "suportar", tudo isso vem carregado de um sentido negativo e desagradável. No entanto, a pessoa tolerante é mais do que isso; é aquela "que é capaz de esperar por alguém sem reclamar, de suportar as fraquezas, as pequenas falhas e as idiossincrasias do outro",[1] sendo a paciência e o autocontrole algumas das manifestações de suas qualidades.

Quero falar aqui um pouco mais especificamente da intolerância que temos em relação às idiossincrasias de nossas irmãs, as particularidades e singularidades de cada uma. Meu ponto aqui é o seguinte: se temos de ser tolerantes com as falhas e os erros alheios, mais ainda temos de ser em relação ao que não é falha nem erro, mas apenas condutas que não são iguais às nossas.

A intolerância, nesse sentido, é a incapacidade de conviver com o diferente e de celebrar a diversidade de Deus em sua criação. Ela se manifesta no desejo de formatar outras mulheres para encaixá-las em um modelo padronizado por você, exigindo delas o que nem mesmo Deus exige. É criar regras em questões nas quais Deus deu liberdade. É julgar negativamente a diversidade de ações, estilos, dons, comportamentos e gostos, sem a autoridade das Escrituras para tal. É chamar bem de mal, fazer da luz escuridão e pôr o doce por amargo (Is 5.20). E, quando estamos lidando com pecados de verdade, a intolerância julga, acusa e reage sem bondade, sem amor. Em outras palavras, é querer ocupar o assento de juíza de suas irmãs no lugar de Deus.

~~~~~~

1   Paul Gardner, *1 Corinthians* (Zondervan Exegetical Commentary on the New Testament, 2018), p. 569.

PADRÕES E PRESSÕES

Uma das razões pelas quais escolhi ser tão incisiva acerca da beleza da diversidade de toda a criação de Deus é justamente nossa tendência pecaminosa ao ressentimento e a chamar de mal a diversidade nas imagens de Deus, mais especificamente nas outras mulheres.

Não vemos ninguém contender por causa da variedade de canto dos pássaros, ou das cores das estações do ano. Ainda que alguns prefiram calor ao frio, ou prefiram ouvir o canto do sabiá-laranjeira aos berros do joão-de-barro, ninguém vai pressionar todas as aves a terem o mesmo comportamento ou dizer que Deus errou ao florir a primavera e fazer as folhas caírem no outono.

No entanto, muitas vezes é exatamente isso que exigimos umas das outras e de nós mesmas. Julgamos como mal o que Deus chama de bom e criamos padrões extrabíblicos de como devemos ser, do que devemos gostar, de como devemos agir, de como devemos falar, de como devemos criar os filhos e até mesmo de como devemos nos vestir. Outras vezes, essa pressão é interna: observamos uma mulher na igreja e, ao admirá-la, estabelecemos seu estilo como o padrão que temos de alcançar. Sabe qual é o grande problema desses padrões humanos? Eles nos levam à posição de legisladoras umas das outras, sem base bíblica e sem amor. E esses julgamentos se tornam verdadeiros fardos.

Deixe-me ser um pouco mais específica em relação a alguns exemplos. Deus nos criou com personalidades diferentes, personalidades que são formadas e moldadas de acordo com as histórias de vida, também soberanamente diversas. Desse modo, algumas mulheres são mais enérgicas em seu jeito de ser, de se expressar e de se relacionar. Outras, por sua vez, expressam-se com mais calma. Eu, por exemplo, desde criança, tenho um jeito mais "expansivo" e extrovertido de falar e interagir. Algumas vezes, achei que teria menos lutas contra alguns pecados e que meus relacionamentos seriam mais fáceis se eu fosse mais quieta, se eu falasse mais baixo, se eu desse menos risada de quase tudo. Com o tempo, porém, fui descobrindo que as irmãs "mais quietas" também olhavam para mim acreditando que seria melhor se fossem mais parecidas comigo. São inúmeros os exemplos que se encaixam aqui — e quem já é mãe sabe muito bem disso.

Essas forminhas, contudo, não vieram da Palavra de Deus, que é nossa única regra de fé (coisas nas quais devemos crer) e de prática (coisas que devemos fazer). Nossa diversidade é uma bênção, mas também está corrompida pelo pecado. Por isso, não podemos afirmar que existe apenas um jeito de ser e de fazer as coisas que torne uma mulher mais santa. Tentaremos nos encaixar nos padrões de mulheres só para descobrir que a luta contra as obras da carne (Gl 5.19) é a mesma para a introvertida e para a extrovertida. No coração das falantes e das quietinhas, militam idolatria, inimizade, ciúme, ira, discórdia, dissensão, facção, inveja e coisas semelhantes (Gl 5.19-22).

O AMOR É TOLERANTE E BONDOSO

A ideia bíblica de tolerância, aquela com que Paulo começa descrevendo o amor em 1 Coríntios 13.4, se baseia na tolerância do próprio Deus como parte de sua bondade. As duas primeiras qualidades do amor listadas são paciência e bondade (cf. 1Co 13.4-6). E, como vimos no Capítulo 1, é Jesus quem personifica toda a descrição de amor nessa famosa passagem das Escrituras. Deus é tolerante e bondoso. E esses são atributos que seus filhos espelham quando estão crescendo em santidade. São os passos de Jesus que o Espírito Santo de Deus nos habilita a seguir.

Qual é o padrão, então? Cristo! Pense na tolerância de Jesus, com todas as diferenças de seus discípulos: com o cético Tomé, com o impulsivo Pedro e até mesmo com os irmãos do trovão, Tiago e João. Ou pense nos diferentes autores bíblicos. Existem autores mais doces; outros mais veementes. Essa multiplicidade de características não só foi tolerada, mas também usada no trabalho para o qual Deus os havia chamado. Deus usa a beleza da pena de Davi, a precisão da pena de Paulo, a doçura da escrita de João, a pesquisa refinada de Lucas, a linguagem misteriosa de Salomão. Veja a história da igreja: vozes altas e fortes como a de Lutero e Spurgeon, o estilo mais tranquilo ou melancólico de Calvino, a combatividade de Atanásio. Todos em sua diversidade servindo à obra de Deus.

É com Jesus que você está se tornando mais parecida, e o jugo dele é leve (Mt 11.29). Os únicos problemas com que você tem de lidar, dos quais tem de se arrepender e os quais deve mudar são seus pecados. Você não tem de ser mais como "fulana ou beltrana". Não existe lugar para padrão que não seja o padrão da santidade e do amor dele.

Crescer em tolerância é compreender e celebrar a liberdade bíblica de fazer as coisas de maneiras diversas e encontrar em Cristo os caminhos para trabalhar em conjunto com ainda mais beleza. Deus fez cada uma de nós com complexidades diversas e gostos distintos.

Foi Deus quem deu a voz delicada e a voz forte, o rugido do leão e o "cri-cri" de um grilo. Não há melhor nem pior; o que existe são nuances, cores e tipos. Não há espaço para discriminar pessoas, seja por características físicas, seja por diferenças de personalidade (Cl 3.11). Não existe na Bíblia a afirmação de que é uma melhor imagem de Deus quem tem pele clara ou escura. Não existe afirmação de Deus, em sua Palavra, que nos paute a excluir a amiga que é mais expansiva ou mais tímida, quando essas características não envolvem pecado.

Mas e quando deparamos com um pecado? Existe um aspecto em que a intolerância é até mesmo esperada: quando modelada pela intolerância de Deus contra o mal, o pecado e os inimigos de Deus. É preciso encontrar equilíbrio entre a não convivência com o pecado em minha irmã e a paciência que aguarda em amor, oração, encorajamento, o processo que Deus está desenvolvendo nela. "Paulo descreve a tolerância de Deus como parte de sua bondade, que consiste em dar o tempo que levará 'ao arrependimento' (Rm 2.4)."[2] A melhor forma de você se proteger para não julgar maldosamente outras mulheres é conhecendo profundamente a Palavra de Deus. É ela que vai iluminar e guiar seus olhos e seu julgamento para que você chame pecado de pecado, mas não o faça quando não for. A Bíblia é clara quanto às práticas e aos comportamentos que são pecaminosos e que, portanto, desagradam a Deus. Assim, se você a conhece com diligência, está equipada a reconhecer lobos disfarçados de ovelhas (Mt 7.15,16) e a

---

2   Paul Gardner, *1 Corinthians* (Zondervan Exegetical Commentary on the New Testament, 2018), p. 569. (Tradução livre.)

confrontar amorosamente suas irmãs que estão realmente em pecado (Mt 18.15-17). Jamais tente ocupar o trono de Deus.

Deus é onipresente, onipotente e onisciente. Você não é nada disso — nem pode ser. Deus sonda os corações e conhece as verdadeiras motivações por trás das ações de cada mulher ao seu redor. Você não tem esse poder — nem pode ter. Deus é justo juiz, e o julgamento dele é perfeito e santo. Você não é capaz de julgar com perfeição. Deus é tolerante, bondoso, paciente, longânimo, atento, amoroso e misericordioso com cada uma das mulheres em suas individualidades e diferenças. Você não é, mas ele a ordenou e capacitou a ser cada vez mais parecida com Cristo (Ef 5.1-2; 4.22-24).

Bondade e paciência fazem parte das novas vestes que identificam os eleitos de Deus em Colossenses 3.12 e do fruto do Espírito que deve ser desenvolvido em nós: "amor, alegria, paz, longanimidade, benignidade, bondade, fidelidade, mansidão, domínio próprio" (Gl 5.22,23). É certo que, um dia, essas vestes brilharão com perfeição, essa obra será completa e nós seremos extrovertidas santas, introvertidas santas, mulheres delicadas santas e mulheres fortes santas (Rm 13.11-14; 1Co 15.51-52). Mas, até lá, "Não nos deixemos possuir de vanglória, provocando uns aos outros, tendo inveja uns dos outros" (Gl 5.26).

Capítulo 5

O AMOR NÃO É ORGULHOSO NEM EGOÍSTA

"Da soberba só resulta a contenda."
(Pv 13.10)

PRIMEIRO EU, SEGUNDO EU, TERCEIRO... EU!

"Num indivíduo, o egoísmo enfeia a alma; na espécie humana, leva à extinção."
(David Mitchell)

Chega uma mulher nova à igreja. O que é esperado das mulheres que já fazem parte do corpo de Cristo? Que elas a recebam com alegria, que busquem conhecê-la melhor para acolhê-la, que a mantenham informada das programações para que ela possa se entrosar, que a apresentem à igreja, entre outras atitudes humildes e amorosas. Essa seria uma postura genuinamente preocupada com as necessidades dessa mulher, mostrando interesse em servir, seja ela já uma irmã ou não. Do lado da novata, o ideal seria chegar também com humildade para conhecer e aprender com as mulheres da igreja, compreendendo em que aspectos ela pode somar em serviço.

Porém, imagine o contrário. Você, que já está na igreja há mais tempo, fica mais preocupada consigo do que com ela. Sua primeira reação é desconfiar da novata, perguntando a si mesma como essa chegada poderá afetar você de um modo pessoal. Então, em vez de olhar para a novata como alguém a ser amada, acolhida e servida, alguém equipada com dons e talentos para que também possa servir a você no corpo de Cristo, você a enxerga como uma ameaça às suas próprias necessidades de ser grande.

Algumas vezes, o medo[1] é de que essa mulher cante melhor do que você, que dê aulas para as crianças melhor do que você, que seja mais divertida para o grupo pequeno, que seja mais bonita, que conquiste a atenção dos rapazes e que você continue solteira. E se ela se tornar maior ou igual a você? Diante dos seus medos, seu foco é: "O que é melhor para mim? Que ela seja bem acolhida e faça parte do

---

1 Vamos dar nome a esse medo no próximo capítulo.

grupo ou que seja excluída e não volte mais?". Assim, você se fecha e a recebe mal. Já imaginou onde isso vai parar, não é?

Você já viu isso acontecer? Bom, eu já fui a novata dessa história. Mas o pior é que, mesmo já tendo passado por isso, também fui a veterana que recebeu novatas muito mal por causa do meu egoísmo. Pela graça de Deus, eu me arrependo demais disso. Mas careço da graça de Deus diariamente, pois existem muitos outros casos em que meu orgulho e meu egocentrismo afloram. Por exemplo, quando uso os dons e talentos que Deus me deu para servir a ele e aos outros em benefício próprio ou quando tomo a glória deles para mim.

ORGULHOSAS E EGOCÊNTRICAS

"Todo homem é um idólatra, na medida em que é egoísta."
Richard Baxter

Aqui está uma tendência pecaminosa contra a qual todas nós lutamos diariamente: a de sermos amantes idólatras de nós mesmas. Idolatria é o que acontece quando pegamos algo bom que Deus criou e o colocamos no lugar de Deus em nosso coração.

O amor e o cuidado que já temos por nós mesmas não são, necessariamente, um mal em si. Como vimos nos primeiros capítulos, você foi criada à imagem e à semelhança de Deus, e isso já confere valor a você e ao seu próximo. Pense, então, no valor inestimável de ser amada por Deus a ponto de ser adotada como filha, pela obra de Jesus Cristo em seu favor (cf. Gl 4.5; Ef 1.4-5). Esse valor precioso não está só em sua irmã; está em você. O que acontece nesse momento de justaposição entre "já, mas ainda não"[2] é que o pecado faz uma enorme bagunça na obediência de seu coração, causa desordem no amor e eleva seu amor-próprio[3] acima do seu amor a Deus. Consequentemente, também acima do amor ao próximo.

Assim, você começa a viver uma ilusão de grandeza e autoexaltação por suas próprias conquistas e realizações, sejam elas materiais, intelectuais, morais ou, até mesmo, espirituais. Nesse delírio, você deseja receber reconhecimento por sua superioridade e ser valorizada pelas outras pessoas. Esse é o **orgulho**, que promete enchê-la de uma opinião vaidosa e muito elevada de si mesma, mas não cumpre com sua promessa. O orgulho não preenche nem constrói nada. Você não consegue amar nem servir a ninguém além de si mesma quando está sempre focada em se exaltar acima das outras, em suprir suas próprias necessidades e em alcançar os próprios interesses. Não, o oposto do amor não é o ódio; é o egoísmo:

> Amar é dar (Mt 5.43,44; Jo 3.16; Gl 2.20; Ef 5.2,25): é estar mais interessado com o que se pode dar do que com o que se pode receber. Egoísmo é tomar: é estar mais interessado com o que se pode receber (ou pode perder) do que com o que se pode dar.[4]

---

2   Leia o Capítulo 3.
3   Aqui em sentido literal.
4   Lou Priolo, *Resolução de conflitos: uma compreensão bíblica e suas implicações para a dinâmica dos relacionamentos*, 1. ed. (São Bernardo do Campo: Nutra Publicações, 2016), p. 174.

Embora eu pudesse dedicar um tempo a aprofundar diferenças e semelhanças entre orgulho e egocentrismo, desejo ressaltar apenas que elas têm a mesma base: pretender ser superior às outras pessoas, o que Paulo chama de pensar sobre si mesmo além do que convém (Rm 12.3), ou intentar ser amante de si mesma (2Tm 3.2),[5] ao se considerar superior às outras pessoas, levando em consideração apenas os próprios interesses (Fp 2.3,4). O egocentrismo e o orgulho estão juntos na tenebrosa tarefa de fazer seu coração focar em si mesmo acima de Deus e acima das outras pessoas.

Quando você se coloca como o centro da própria vida, para onde suas ações e reações apontam, está cultuando a si mesma. Seu egoísmo a torna seu próprio ídolo, e você passa a viver, se mover e existir para si mesma, como adoradora de si mesma. E esse é um grande mal, contra o qual Deus se opõe, pois ele tenta trazer para si a glória que pertence apenas ao Senhor. Nas palavras de Richard Baxter: "Todo homem é um idólatra, na medida em que é egoísta".[6]

QUEM VAI SERVIR AMOR?

O orgulho e o egocentrismo são algumas das raízes de todos os pecados que cometemos. Afinal, quando pecamos em qualquer área, é porque pecamos primeiro em não amar a Deus acima de tudo (1Jo 2.15-16). Um coração autocentrado busca viver para agradar a si mesmo e obter das pessoas o que precisa em benefício próprio.

5 Algumas versões traduzem o primeiro pecado como "egoístas" (e.g., ARA, NAA, NVI), porém, literalmente, o texto diz "os homens serão amantes de si mesmos" (cf. A21).
6 Richard Baxter, *The Practical Works of Richard Baxter* (Michigan: Soli Deo Gloria Publications, v. 3), p. 378. (Tradução livre.)

Note que, se você só estiver preocupada com o que é melhor para si mesma, e sua amiga também estiver preocupada com o que é melhor para você, ainda que você esteja errada, não haverá muito conflito entre ambas. Só que não é assim que funciona, certo? O que acontece se sua amiga ficar sentada à mesa esperando você servir a ela e você também se sentar esperando que ela lhe sirva? O que acontece com a igreja se todos se sentarem esperando pelo serviço um dos outros? Lembra-se de João 13, quando ninguém se dispôs a fazer a tarefa do servo e o próprio Jesus a fez, lavando os pés dos discípulos?

A ideia mundana é bem atrativa: você permanece sentada à mesa enquanto estiver sendo servida e, quando não lhe servirem mais, você sai. As consequências dessa filosofia de vida, você já sabe. Você se coloca como o centro da própria vida, eu me coloco como o centro da minha vida, ela se coloca como o centro da vida dela e cada uma luta para atingir o que é melhor para si mesma. São forças opostas, cujo resultado é briga e separação.

> *"Não tenha cada um em vista o que é propriamente seu; senão, também cada qual o que é dos outros."*
> (Fp 2.4)

No mundo quebrado, tristemente vemos nossos semelhantes como necessários apenas enquanto servem ao que cremos ser em nosso próprio benefício ou quando permanecem bem longe de competir com o que cremos ser nosso próprio bem. E, quando se torna muito difícil lidar com a situação, seja com a pessoa difícil, seja com você mesma — e sempre fica —, está liberada a separação, "para seu próprio bem". Esteja certa, porém, de que ninguém sai ileso ou vencedor desse esquema. A dinâmica de amar seu semelhante envolve dar atenção às necessidades da outra pessoa, considerando que elas são superiores às suas: "Nada façais por partidarismo ou vanglória, mas por humildade, considerando cada um os outros superiores a si mesmo" (Fp 2.3). O egocentrismo nos tira esse olhar. Você não consegue enxergar as necessidades de suas irmãs quando seu foco está voltado apenas para si mesma, enquanto busca ser servida e não se dedicar a servir (2Co 12.15).

Os resultados do orgulho e do egoísmo para o nosso relacionamento na igreja são inúmeros, e eles serão desmembrados nos próximos capítulos. Aqui vou listar apenas algumas consequências desses pecados para o serviço na igreja:

1) Se você estiver mais disposta a uma atitude do tipo "o que a igreja pode fazer por mim" do que à atitude "o que eu posso fazer pela igreja", isso evidencia que você está sendo egocêntrica. Ao trazer em seu coração a ideia de que você foi criada para ser servida, e não para servir, sempre vai buscar um lugar à mesa para se sentar e apenas receber do trabalho de suas irmãs e de seus irmãos na igreja.

2) Você considera o serviço uma troca e só faz algo pelas outras pessoas quando há reciprocidade. O que a leva a servir não por amor ao próximo, mas por amor a si mesma. E, quando você julgar que não está recebendo o que considera merecido, deixa de ofertar seus dons e talentos e trata o serviço até mesmo com ressentimento, por não se sentir servida em

aspectos que você mesma poderia estar servindo. Por exemplo: "Não vou receber bem as irmãs, pois, quando cheguei, não recebi a atenção que julgava merecer!"; "Não vou chegar mais cedo para ajudar nas montagens da igreja, pois tem pouca gente fazendo isso". Se todos se sentam, não há nada a ser servido.

3) O orgulho pode tomar conta até mesmo de quem trabalha bastante na igreja. Como? Quando você age não para a glória de Deus, mas para sua própria glória. Você consegue pensar em alguns exemplos de como isso acontece? Servir para ter visibilidade e reconhecimento, para ter poder ao ocupar uma posição de liderança ou para ganhar destaque são alguns deles. Uma pergunta para avaliar o coração aqui é: você continuaria fazendo o que você faz se ninguém ficasse sabendo que foi você quem fez?

4) Assumir compromisso em relação a determinado serviço na igreja e não honrá-lo também é uma reação egoísta de não considerar que isso vai afetar outras pessoas. Quando você assume a responsabilidade de realizar uma tarefa ou quando se compromete com um horário, existem muitos irmãos contando com você. Quando você não prioriza honrar esse trabalho, alguém terá de fazê-lo por você. Viver descumprindo suas escalas revela alguém egoísta.

O AMOR É HUMILDE E ABNEGADO

A primeira solução bíblica para lidar com esses pecados de orgulho e egocentrismo que desejo destacar é: pare de delirar! Acreditar que você é superior e merece ser exaltada por algum mérito próprio é alucinação, pois absolutamente nada do que você é ou do que tem foi conquistado por suas próprias forças. Você tem uma casa maior do que as casas de suas irmãs? Você tem mais filhos do que suas irmãs? Você tem mais facilidade intelectual do que suas irmãs? Você se destaca mais do que as outras mulheres em alguma área? Então, Paulo pergunta a você: "Quem é que te faz sobressair? E que tens tu que não tenhas recebido? E, se o recebeste, por que te vanglorias, como se o não tiveras recebido?" (1Co 4.7).

Observe que, em todos os casos que descrevi de como esses pecados afetam nossas relações, a deturpação consiste justamente em ter retirado o foco de Deus. Tudo o que você tem, desde seus dons e talentos até suas posses e saúde, são presentes que Deus lhe deu e que ele opera em você (cf. 1Co 12.4-11). Tentar fingir grandeza e tomar a glória que só é devida a ele consistem em pecado.

Nas Escrituras, vemos vários exemplos de Deus se opondo aos orgulhosos com humilhação (cf. 1Pe 5.5,7; Is 2.11,12; Mt 18.10; Rm 11.17,18; Ap 18.7,8).[7] O orgulho é odioso para Deus, mas é uma característica almejada e elogiada pelo mundo e, por isso, ganhou selos best-seller nas livrarias[8]. Cuidado, como bem observado pelo puritano Thomas Manton: "Não devemos invejar uma pessoa

---

7   Confira também 1 Samuel 2.3; 2 Samuel 22.28; Jó 20.6,7; Provérbios 3.11; 16.5; 21.4; Isaías 2.17; 10.12; 13.11,19; 23.9; Jeremias 9.23,24; Romanos 14.3,10; 1 Coríntios 1.20-25; 1 Timóteo 3.6; 6.17.
8   Você ficará impressionada com alguns títulos: *Seja seu próprio amor; Seja o amor da sua vida; Viva para se amar; O melhor de mim: seja você mesmo a cada dia mais; A coragem de não agradar; Como me tornei o amor da minha vida*, e a lista só aumenta...

orgulhosa mais do que invejaríamos alguém na forca; ela só é elevada para ser derrubada para sempre".[9]

Quando você é convencida do pecado do orgulho e se arrepende, o Espírito Santo enche seu coração de humildade. Na luta diária contra o orgulho, você deve voltar-se para Deus reconhecendo quem ele é como Criador e quem você é como criatura. Quanto mais você conhece e confia no amor de Deus — aquele que cuida de todas as suas necessidades e que já cuidou da maior de todas as suas necessidades por meio de Jesus —, mais será estimulada a amar a Deus acima de tudo. Está aí o amor que nunca deixará de ser servido àqueles que o Pai deu ao Filho. Porque ele desceu do céu não para fazer sua própria vontade, "e sim a vontade daquele que me enviou" (Jo 6.38). E é esse amor que, de fato, pode preenchê-la e permitir que você ame o próximo com ações que edificam.

Os dons que Deus, graciosamente, pôs em suas mãos não são para sua própria glória, nem para benefício próprio. Deus presenteia visando à glória dele, ao bem-estar do corpo e ao seu crescimento na fé. Como Paulo fala sobre os dons em Efésios 4.12, eles são dados por Deus "com vistas ao aperfeiçoamento dos santos para o desempenho do seu serviço, para a edificação do corpo de Cristo".

O caminho para sair do egocentrismo está em servir humilde e abnegadamente por amor a Deus e ao próximo. Em Filipenses 2, encontramos essa exortação e esse exemplo a seguir. Não devemos servir por orgulho ou egoísmo, "mas por humildade, considerando cada um os outros superiores a si mesmo. Não tenha cada um em

---

9   Thomas Manton, *James* (The Crossway Classic Commentaries, 1995), p. 245.

vista o que é propriamente seu, senão também cada qual o que é dos outros" (Fp 2.3,4).

O maior exemplo de humildade é Jesus, que, ao se tornar humano, não se encheu, mas se esvaziou. Entenda, ele não se esvaziou de "fumaça", de uma ilusão de superioridade, mas, sim, de suas prerrogativas celestiais, pois, sendo Deus, tornou-se também humano! Em seu ministério terreno, ele serviu humildemente. Ele não se agarrou às suas prerrogativas divinas como uma desculpa para não servir. Sendo ele o maior de todos, "a si mesmo se humilhou, tornando-se obediente até à morte e morte de cruz" (Fp 2.8). "E ele morreu por todos, para que os que vivem **não vivam mais para si mesmos**, mas para aquele que por eles morreu e ressuscitou" (2Co 5.15).

Capítulo 6

O AMOR NÃO É INVEJOSO NEM CIUMENTO

"Pois, onde há inveja e sentimento faccioso, aí há confusão
e toda espécie de coisas ruins."
(Tg 3.16)

GRAMAS MAIS VERDES

Vamos falar de jardim? Afinal, todas nós temos um jardim dado por Deus para cuidar. Tudo — desde o terreno até as condições de temperatura e ambiente — é presente dado por ele. E Deus distribui a cada uma de nós conforme lhe apraz (cf. 1Co 12.8). Nosso trabalho é apenas o de cuidar, de fazer com diligência o que Deus nos colocou para fazer, amando-o acima de tudo e amando também nossas vizinhas. Mas sempre descansadas, agradecidas e confiantes de que ele sabe o que é melhor para cada uma de nós.

Para amar e servir às suas vizinhas, será preciso prestar atenção não só ao seu gramado, mas também ao gramado delas. Será necessário estar com o coração disposto a ajudar na tarefa de tornar o jardim delas tão lindo ou mais belo ainda que o seu (cf. Fp 2.3,4). Se, ao contrário, você acredita que suas flores devam ser as mais vistosas de toda a vizinhança, não só vai ignorar as necessidades dos outros jardins, como também estará sempre os observando para comparar com o seu. Sua atenção às outras será sempre medrosa e competitiva, ciumenta e invejosa. Você verá que, no jardim da sua vizinha à esquerda, nasceram cactos que não brotam no solo que Deus deu a você. Já para a vizinha da direita, foram dados equipamentos de jardinagem de última geração e você vai olhar para seu próprio arado com algum ressentimento.

INVEJOSAS E CIUMENTAS

Como vimos, o orgulho é uma ilusão de grandeza. Você já tentou alcançar e segurar o vento? Não tem como. Então, o desejo ardente e ambicioso por ser superior vai crescendo e, *spoiler*, nunca encontrará satisfação.[1]

Agora vamos refletir sobre um ponto: esse desejo por superioridade e grandeza parte do pressuposto de que você é maior do que

---

1 Salomão tentou, de todas as formas, encontrar esse preenchimento por meio de suas vaidades, mas em tudo concluiu que é como correr atrás do vento. Leia Eclesiastes e o livro de Emilio Garofalo Neto, *Isto é filtro solar* (São Paulo: Editora Monergismo, 2020).

as outras pessoas, certo? Mas, para que você se enxergue melhor do que essas pessoas e se vanglorie disso, tem de estar constantemente comparando seu tamanho com o delas, para garantir que a sua "grandeza" seja superior ou adequada. E, nesse ciclo, você precisa fazer um esforço enorme para possuir ou manter o que pensa ser necessário para alcançar esse patamar. Nesse contexto, o encontro com a própria insegurança, os muitos medos e o descontentamento é inevitável.

Enquanto o amor se expressa em servir abnegadamente, em querer dar algo (Ef 5.1-2), o egoísmo quer ter, quer tomar. Lou Priolo explica que a inveja, por consequência, é o desejo de possuir o que já é de outra pessoa e, eventualmente, resulta em ações que visam alcançar esse objetivo. O ciúme, por sua vez, a faz temer a perda daquilo que já é seu e, portanto, você se esforça em mantê-lo.[2] Esse esforço — tanto por possuir como por manter — é uma tentativa de assumir o controle. "Se tendes em vosso coração inveja amargurada e sentimento faccioso, nem vos glorieis disso, nem mintais contra a verdade" (Tg 3.14). É amargo e faccioso; e o gosto é ruim para você e para os outros.

Você já viu o rosto de alguém quando prova algo amargo? Agostinho viu com seus próprios olhos e observou: "O comportamento de um bebê enciumado: não podia ainda falar, mas empalideceu-se e olhava com amargura para seu irmão adotivo".[3] Asafe assume que ficou embrutecido e ignorante (Sl 73.21), ao considerar o aparente

---

2 Lou Priolo, *Resolução de conflitos: uma compreensão bíblica e suas implicações para a dinâmica dos relacionamentos* (São Bernardo do Campo: Nùtra Publicações, 2016), p. 177.
3 Agostinho, *Confissões* (Jandira, SP: Ciranda Cultural Editora e Distribuidora, 2019), p. 20.

sucesso dos ímpios e sua vida fácil e despreocupada. Deus viu no rosto de Caim: "Então, lhe disse o Senhor: Por que andas irado, e por que descaiu o teu semblante?" (Gn 4.6). E esse foi apenas o primeiro caso na história do mundo em que esse amargor derramou sangue de uma imagem e semelhança de Deus. Nas palavras de Manton:

> Os primeiros exemplos que temos de pecado são o orgulho de Adão e a inveja de Caim; o primeiro homem foi destruído pelo orgulho; o segundo, depravado pela inveja. [...] O orgulho nos deu o primeiro mérito da morte, e a inveja, a primeira instância dela; uma era a mãe, a outra, a parteira da ruína humana. Adão era um pecador; Caim, um assassino; ali a inveja provou sangue e, desde então, está farta dele. A inveja de Caim provou o sangue de Abel, mas a de Saul teve sede do sangue de Davi, e Joabe se empanturrou com o de Abner e Amasa.[4]

As consequências da inveja são tão graves que parecem muito distantes de nossa experiência. E nós não vamos chegar tão longe assim, vamos? "Todo aquele que odeia a seu irmão é assassino; ora, vós sabeis que todo assassino não tem a vida eterna permanente em si" (1Jo 3.15). Está tão perto, minha irmã, porque mora em seu coração (Tg 3.14) e Deus vê. É um ataque direto a Deus e à sua soberana liberdade em distribuir sua graça da forma que lhe apraz. Mais uma vez, é a tentativa de usurpar o controle das mãos dele. A inveja é um mal terrível, algo que faz de cada uma de nós assassinas em potencial.

~~~

4   Thomas Manton, *James* (The Crossway Classic Commentaries, 1995), p. 209.

COMPARAÇÃO E COMPETIÇÃO

A inveja se revela no ressentimento pelos presentes dados sobe-ranamente por Deus, como se ele tivesse errado quando os distribuiu. Também se manifesta nos sentimentos de tristeza pelas coisas boas na outra e da outra pessoa, bem como pela alegria quando algo ruim acontece a ela — algo, portanto, totalmente contrário ao alegrar-se com os que se alegram e chorar com os que choram (Rm 12.15). O esforço não é apenas o de ter o que a outra pessoa tem, mas o de ser aquela própria pessoa. É um esforço que só de ler já cansa, quanto mais de viver!

Você deve estar familiarizada com o ditado "a grama do vizinho é sempre mais verde". E talvez já tenha encontrado consolo para seus sentimentos de inveja ao tentar averiguar se o verde de lá é apenas aparência. É tolice achar que você vai ficar mais satisfeita com a sua grama se encontrar defeitos na grama da vizinha, tentando, de alguma forma, desmerecer a beleza dela. Essa atitude, inclusive, é o que conduz a toda sorte de maledicência e difamação, como veremos mais adiante.

Um exemplo de como isso acontece é encontrado nas redes sociais, com o compartilhamento de momentos felizes vividos com a família e em viagens.[5] Há uma busca por consolo em afirmações do tipo: "Não precisa ter inveja. A viagem não foi tão boa quanto a

---

5   Quem precisa estar preocupada com o coração, com o fato de estar compartilhando algo para causar inveja e para ostentar algo irreal é a pessoa que está fazendo isso. Você não tem como saber as intenções do coração da outra pessoa. Mas Deus sabe! Sabe os dela e sabe também o que acontece aí no seu coração quando vê outras irmãs vivendo aquilo que você também gostaria de estar vivendo.

foto aparenta"; "Não precisa ter inveja; é só photoshop"; ou ainda "Não precisa ter inveja. Ela mostra os filhos sorrindo, mas não mostra as birras". Bom, é verdade que todas as casas têm seus problemas, e que os corpos não são perfeitos. O padrão de comparação de que dispomos não é o das postagens de ninguém. Mas e se a viagem foi realmente "tão boa"? E se a criança dela dorme, sim, a noite inteira, e a sua, não? E se não for photoshop?

Não deixe que seus ossos apodreçam (Pv 14.30). Você não vai ficar mais satisfeita com a sua vida ao encontrar mais miséria à sua volta. Todos carecem da graça de Deus e tudo que Deus dá a cada uma de nós é imerecido; e nós recebemos tudo isso somente por graça. Portanto, mais grave ainda se torna nossa inveja quando entendemos que é Deus quem dá todas as coisas. Não é tão difícil reconhecer que isso é rebelião contra o próprio Deus!

Existe, porém, outro lado: quando nós choramos com aquelas que choram. Fazemos isso por amor, por empatia, e não para nos satisfazermos na tristeza de nossa irmã. Deus permite que, em nossa caminhada como irmãs em Cristo, percebamos as falhas no jardim umas das outras para ajudar — na verdade, essa é a bênção de pertencer a um corpo. Mas observe a sutileza: o fato de você querer ajudar sua irmã a cuidar do jardim dela é bem diferente da intenção de se certificar de que há problemas naquele jardim para você ficar mais tranquila em relação ao que falta no seu.

O AMOR É GRATO E CONTENTE

Certa feita, apenas por curiosidade, pesquisei num site de busca "grama mais verde". É claro que só apareceram sites de paisagismo. No topo, encontrei: "Como manter sua grama sempre verde e bem-cuidada", e a descrição complementava: "para cada grama, há um cuidado específico, como poda, adubo, rega e até mesmo a altura que deve ter". Certamente, esse portal vai ensiná-la a cuidar da sua grama, mas, se você quiser aprender a cuidar melhor do seu coração, leia a Bíblia, ore e coloque seus dons e talentos a serviço de suas irmãs em uma igreja saudável. Você vai aprender que nem a sua grama nem a grama da sua vizinha estarão sempre verdes, pois elas passam por estações. Você aprenderá que, no seu jardim, você ganhou *expertises* para auxiliar sua vizinha com as pragas nas plantações dela, e que ela possui ferramentas para podar seus arbustos. Vocês precisam uma da outra e podem confiar que Deus está provendo e cuidando até mesmo ao colocá-las lado a lado.

É verdade que Deus não dá igualmente seus presentes. Mas, quando os recebemos, devemos ficar contentes e orar para fazer bom uso deles. Deus nos colocou no corpo e nos deu dons e serviços distintos. Alguns jardins terão, sim, mais destaque; algumas jardineiras receberão mais ferramentas; e algumas gramas serão mais verdes. Não para que se ensoberbeçam e se gloriem em si mesmas. Não para que outras fiquem insatisfeitas com a porção recebida das mãos do Senhor. "Toda boa dádiva e todo dom perfeito são lá do alto, descendo do Pai das luzes, em quem não pode existir variação ou sombra de mudança" (Tg 1.17). Ambas precisam confiar em quem deu, quem a fez sobressair e de quem receberam (cf. 1Co 4.6,7), louvando a Deus por isso. Sonde seu coração imediatamente quando o amargor da felicidade alheia tentar você.

A humildade é o que vai lhe dar consciência das bênçãos que Deus deu a você e às outras mulheres. Com isso, você exercita o contentamento e a gratidão (Sl 131; Fp 4.11-13; 1Tm 6.6). O contentamento em Deus caminha de mãos dadas com a gratidão a ele. O puritano Burroughs oferece uma bela descrição do contentamento cristão: "Aquele estado de espírito doce, interior, calmo e gracioso, que se submete livremente e aceita gentilmente a disposição sábia e paternal de Deus em todos os aspectos".[6] Que descanso para a alma que se esforça tanto por controle!

O Salmo 73 registra a luta de Asafe contra o pecado da inveja: "Eu invejava os arrogantes, ao ver a prosperidade dos perversos" (Sl 73.3). Asafe assume que seu coração amargou (Sl 73.21) e ele ficou embrutecido e ignorante (Sl 73.22). E o que me chama a atenção, nesse último versículo, é que ele diz que era como um irracional à presença do Senhor. O pecado nos afasta de Deus, levando-nos a ver a vida de forma distorcida. E veja que o que retirou Asafe desse ciclo pecaminoso foi justamente reconhecer que Deus estava sempre com ele, sustentando-o, segurando-o pela mão e guiando-o (Sl 73.23-24). Foi quando ele entrou no santuário para adorar que seu coração foi colocado no eixo. Ao ver o sacrifício e se lembrar do que Deus fazia por ele, e de como o justo é chamado a andar em confiança no que crê, e não no que vê, Asafe descansou na confiança de que, até mesmo na fraqueza, "Deus é a fortaleza do meu coração e a minha herança para sempre" (Sl 73.26).

~~~~

6   Jeremiah Burroughs, *The Rare Jewel of Christian Contentment* (CrossReach Publications, 2019), p. 13.

Que, assim como Asafe, nossos maiores desejos e esforços sejam o de estar com o Pai e afirmar de todo coração: "Não há outro em quem·eu me compraza na terra" (Sl 73.25). E que, cooperando umas com as outras, proclamemos juntas todos os feitos de nosso soberano Senhor.

COOPERADORAS, NÃO COMPETIDORAS

Querida irmã, você não precisa ser melhor do que outra mulher. Você não precisa ser melhor do que ninguém. Cristo já foi infinitamente melhor por você e por ela! Deus escolheu fazer assim: mulheres diferentes, com histórias diferentes, personalidades diferentes e estilos diferentes. Ferro afiando ferro, caminhando juntas no mesmo Reino. Você não precisa ser melhor do que elas nem sentir-se menor que elas. O que você deve fazer, sim, por causa de Jesus Cristo, é implorar graça para ser a melhor com o que Deus lhe deu, para a honra e a glória do nome dele (1Co 12.14-26).

Ame suas irmãs com seus dons e permita-se ser servida pelos talentos delas. Não tente diminuir as outras mulheres com receio de que cresçam mais do que você. Onde há amor, não há medo. É pelo amor que temos umas pelas outras que seremos reconhecidas. É trabalhando juntas que a paisagem de nossa comunidade vai se tornando mais bela, com tantos jardins bem-cuidados, florescendo e frutificando.

Nossa missão é a mesma, não existe competição. Seja grata a Deus por todos os tons de verde. Revista-se de humildade para aprender com suas irmãs e esteja pronta a ajudá-las. Somos cooperadoras com ele; não competidoras contra ele. Somos um corpo, e não rivais.

Capítulo 7

O AMOR ODEIA MENTIRA, MALEDICÊNCIA E FOFOCA

"O homem perverso espalha contendas, e o difamador
separa os maiores amigos."
(Pv 16.28)

CUIDADO COM O FOGO!

*"O escorpião carrega seu veneno em sua cauda, o caluniador em
sua língua."*
(Thomas Watson)

"Você não vai acreditar no que ela fez!"; "Você soube o que aconteceu com a...?"; "Amiga, não é fofoca, mas é que eu preciso muito desabafar"; "Vou te contar uma coisa! Não é fofoca, é só para você orar por ela"; "Olha, não é falando mal, mas é que...". E segue-se uma hora e meia de maledicência.

Horas de julgamento e concluímos: "Mas quem sou eu pra julgar?"; "Vou te contar o que ela me contou, mas não conta pra ninguém!".

Um dia desses, fui almoçar em um restaurante brasileiro[1] e, como eu estava há muito tempo sem ouvir outras pessoas falando a mesma língua que eu, meu ouvido estava aguçado para o português. Não que eu precisasse me esforçar, pois, além de as mesas serem muito próximas, minhas vizinhas estavam falando alto, devido ao calor da conversa entre elas. Sem exagero, das duas horas que fiquei no restaurante, foram duas horas com essas jovens falando mal da colega de trabalho delas. Se eu ainda tinha alguma dúvida quanto ao assunto deste livro, ali estava uma pesquisa de campo entregue de bandeja. Elas não conseguiam seguir para outro assunto, pois o que as unia era apenas o desafeto pela mesma pessoa. Eu estava testemunhando uma mulher que não conheço sendo difamada entre deboches e risadas.

Não, obviamente elas não eram mulheres cristãs. *Obviamente*, eu disse isso? Sim, deveria ser óbvio! Mas, para nossa vergonha, o que presenciei em um restaurante comum não difere em nada de como inúmeras mulheres cristãs encontram prazer em suas conversas. Não difere em nada do que já vivi dentro de igrejas; tanto já estive sentada

---

1   Escrevi a Parte 2 deste livro durante um tempo morando na Inglaterra.

à mesa trazendo mais lenha para a fogueira como eu mesma já fui posta na fogueira. O que leva um tempo para percebermos é que ninguém sai ilesa desse tipo de situação.

Não se brinca com fogo. Como eu já disse, conheço muitas pessoas que não estão mais na igreja exatamente por causa da fofoca. E aprendi a compreender essa dor, com queimaduras na própria pele. Ter sido alvo de maledicências na igreja local foi tão triste que, por um tempo, senti grande dificuldade de frequentar os cultos de domingo. Numa igreja com mais de trezentas pessoas, cerca de seis delas foram o suficiente para eu passar alguns meses visitando outras igrejas — como se não fosse encontrar o mesmo problema nas outras congregações.

A comunicação é um dom poderoso que Deus nos deu. Um dom poderoso para abençoar e edificar se usado com sabedoria e amor, para o bem. Mas também serve para amaldiçoar ou destruir quando não é refreado. E não se trata apenas de fofoca e maledicência.

CHAMA NA PONTA DA LÍNGUA

Você bem sabe que a chave para um bom relacionamento — com Deus e umas com as outras — é uma boa comunicação. Como criaturas feitas à imagem de Deus, fomos dotadas por ele da capacidade de nos comunicar. Quando esse Deus infinito, eterno e imenso escolheu se revelar, ele o fez acomodando sua linguagem, usando palavras e conceitos que nossa mente criada seria capaz de compreender. Conhecemos na Bíblia esse Deus que falou ao tomar a forma de fogo e sarça, que falou aos corações em sonhos e visões, que falou inspirando a escrita de homens sob o comando do seu Espírito.

Conhecemos esse Deus que teve sua máxima revelação na encarnação de seu Filho, como lemos em Hebreus 1.1,2: "Havendo Deus, outrora, falado, muitas vezes e de muitas maneiras, aos pais, pelos profetas, nestes últimos dias, nos falou pelo Filho, a quem constituiu herdeiro de todas as coisas, pelo qual também fez o universo". E o cuidado do Pai é tanto que ele preservou e escolheu registrar todo o necessário de sua revelação para a salvação daqueles que creem (Jo 20.30,31).[2]

Mas é claro que a queda também se entranhou em nossa fala e em sua interpretação. O poder de destruir ou apaziguar está na ponta da nossa língua, esse "pequeno órgão, [que] se gaba de grandes coisas" (Tg 3.5). Nossas palavras podem ser agradáveis para aquecer a alma e o corpo (Pv 16.23) ou acender discussões e conflitos. A chama que sai delas tem início lá no coração.

É isso que o fogo faz, não é? Trata-se de um excelente aliado, que aquece, conforta e gera até mesmo beleza. Mas também tem o poder de ser um inimigo terrível se não for controlado. Com o fogo, lidamos com muita cautela, pois "é um mestre mau e um bom servo. Onde é solto, logo transforma casas num deserto".[3] É com esse fogo maligno e com veneno mortal que Tiago compara a língua (cf. Tg 3.5-8). A língua é fogo! Assim, "com ela, bendizemos ao Senhor e Pai; também com ela, amaldiçoamos os homens, feitos à semelhança de Deus" (Tg 3.9). Cuidado com o fogo!

---

2   Um estudo completo a esse respeito é encontrado em uma boa teologia sistemática.
3   Thomas Manton, *James* (The Crossway Classic Commentaries, 1995), p. 191. (Tradução livre.)

Antes de entrar nos carvões fulminantes da fofoca e da maledicência, não podemos deixar os outros pecados da língua que corrompem nossa comunhão passarem pela sombra. Estou me referindo a esses pecados bem sutis ligados a *como* você fala *o que* você acha que precisa falar. Em geral, tentamos ignorar nossa responsabilidade em relação ao que dizemos e como dizemos. Como você está se comunicando? É a sabedoria que está guiando a doçura do seu falar (cf. Pv 16.21)? Ou a depravação está dominando suas palavras, fazendo-as sair de sua boca como flechas ardentes, ferindo todos que estão em sua mira? Você está usando sua língua como instrumento de pacificação e amor ou de ira e discórdia? (cf. Pv 15.1-2).

Longe de querer exaurir o assunto,[4] alguns sinais de alerta das chamas de sua língua são:

1) Murmuração: reclamar com frequência, expressando constantes insatisfação e ingratidão (1Pe 2.1; Jd 16);
2) Pressa e descuido, que acabam levando a uma comunicação com muitas lacunas para o entendimento (Pv 29.20);
3) Sarcasmo: um jeito "debochado" de falar, escondendo as maldades subjacentes a declarações do tipo "eu só estava brincando" (cf. Pv 26.19);
4) Indiretas: aquele jeito covarde e ácido de falar contra alguém;
5) Linguagem obscena e torpe: adoção de termos imorais e inconvenientes (cf. Cl 3.8 e Ef 5.4);

---

4 Seria necessário escrever outro livro para desenvolver os problemas de comunicação citados e outros que foram suprimidos.

6) Mentiras: mesmo quando estiver "floreando" verdades para parecerem mais interessantes (cf. Jo 8.44);

7) Manipulação: tentar controlar outras pessoas em benefício próprio;

8) Grosseria: ser rude ao expressar o que pensa[5] e falar verdades inoportunas (cf. Pv 12.18);

9) Humilhação e ofensa: palavras formatadas com malícia para magoar e ferir quem as ouve;

10) Exortação sem amor: prática que, longe de ajudar, só fere (cf. Ef 4.15a);

11) Silêncio: não dizer nada também pode ser um erro quando você deixa de falar o que tem de ser falado (Mt 18.15; cf. Tg 4.17).

Esses são apenas alguns dos tantos descuidos com a comunicação que acabam por causar mais destruição do que edificação. Todos esses exemplos se encaixam no hábito da fala a tal ponto que mal são reconhecidos por quem os pratica. São exemplos malignos de como somos capazes de ser criativas com a linguagem. Imagine usar toda essa capacidade para o bem, como, por exemplo, unindo verdade e amor no falar (Ef 4.15a)? Porque a fala é corriqueira, você acaba sendo negligente com a atenção que deve dispensar a ela. Mas, se você estiver enchendo sua mente e seu coração com a verdade das Escrituras, será constantemente confrontada a cuidar para que "não saia da vossa boca nenhuma palavra que cause destruição, mas só a

~~~~~~

5   Sugiro acessar o Podcast Sherlocka Holmes, Ep. 47: *Pare de ser grossa!* Locução de Ana Paula Nunes. Spotify, 26 de abril de 2023. Podcast. Disponível em: https://open.spotify.com/episode/5gyrGm9eBJstNf983VpAvY?si=sIRM6l2WTdqoTDOmG_4tHw.

que seja boa para a necessária edificação, a fim de que transmita graça aos que a ouvem" (Ef 4.29).

MALEDICÊNCIA: CALÚNIA E FOFOCA

"Irmãos, não faleis mal uns dos outros. Aquele que fala mal do irmão ou julga a seu irmão fala mal da lei e julga a lei; ora, se julgas a lei, não és observador da lei, mas juiz."
(Tg 4.11)

Uma das grandes dificuldades de conter o fogo que se espalha com as fofocas na igreja são as justificativas que muitas dão para permanecer no erro, a começar por não querer dar nome ao pecado. Quando mulheres se juntam em uma rodinha para falar de outra irmã, dificilmente reconhecem que esse "papo inocente e prazeroso" é pecado e quebra de mandamento. É como uma cegueira causada pela fumaça do fogo. As desculpas são mais ou menos as seguintes: não é segredo, todo mundo já sabe; o que estamos comentando sobre ela não são mentiras; eu só estava ouvindo; desabafo não é fofoca; só estava expondo minha indignação com o pecado dela... e por aí vai.

Para a surpresa de quem tenta encontrar brechas para permanecer no erro, as Escrituras exigem de nossas palavras não apenas verdade, mas também amor. Na passagem acima, quando Tiago exorta a não maldizer outro cristão, ele está usando um termo que envolve "qualquer discurso que seja prejudicial a outra pessoa, seja verdadeiro ou falso".[6] Você é maledicente sempre que abre a boca com sussurros de fofoca ou calúnia pública, com o propósito de destruir a honra de outra pessoa (cf. Mt 5.22).[7]

Admita: é muito difícil enxergar outra mulher com neutralidade depois de ouvir alguém que você conhece falando mal dela. E, se é difícil ficar neutra, quanto mais amá-la à altura! A pessoa que faz isso está semeando discórdia entre as irmãs — e essa é a sétima coisa que a alma do Senhor abomina (Pv 6.16-19). Fofoca destrói reputações e relacionamentos. E não acontece só com falsos testemunhos, mas com a exposição de segredos ou de uma desavença. Quero apresentar três terrenos férteis para a ação do fogo da maledicência:

Comunhão culpada

Assim como no exemplo de minhas vizinhas de mesa no restaurante, existem muitas amizades que realmente só encontram elo no ódio em comum que nutrem por algumas pessoas. É notável constatar como algumas mulheres só conseguem estar rodeadas de "amigas" por sempre saberem da vida alheia na igreja. E por haver outras pessoas que lhes dão ouvidos. Forma-se, assim, uma espécie de sociedade da fofoca, que gera uma comunhão culpada (cf. Sl 1.1).

O alimento viciante dessa sociedade é a crítica. Já percebeu que, quando você começa a criticar e censurar alguém, é tomada por um ar de superioridade? Isso acontece porque, para subir a essa posição de

---

6   Thomas Manton, *James* (The Crossway Classic Commentaries, 1995), p. 267. (Tradução livre.)
7   Calúnia, injúria e difamação são ofensas bem definidas no ambiente jurídico. Aqui, porém, emprego esses termos de forma mais ampla.

legislar sobre a vida alheia, a fofoqueira precisa esconder as próprias falhas e a indignação contra seus próprios pecados. Sobra reprovação; falta graça. A fofoqueira se esquece da humildade e se reveste de um poder que nunca lhe foi dado. Como você já leu os capítulos 4 e 5, deve ter notado que o espírito de crítica tem raiz na intolerância e no orgulho.

Mas e se eu só estiver ouvindo em silêncio? Responda: qual a razão de alguém se sentir confortável em falar mal de outra irmã em Cristo para você? A língua fingida não deveria encontrar aprovação, mas, sim, um rosto irado (Pv 25.23). Fofocar é também o que você faz passivamente quando se acomoda nessa roda para escutar, ainda que calada, o que suas irmãs estão falando. Alguém já disse que toda fofoca termina quando chega em ouvidos sábios. Você nunca deveria emprestar seus ouvidos aos sussurros pecaminosos, nem se assentar na roda dos escarnecedores (Sl 1.1). O fogo se espalha por ter quem queira ouvir sem a coragem de apontar o pecado do fofoqueiro. Muitas vezes, a pessoa maledicente faz isso há tantos anos que se tornou um vício prazeroso para ela, como os pecados tendem a se tornar. Ela precisa de ajuda. Não silencie; use sua língua para desempenhar seu papel de pacificadora e a exorte com amor. Apague a chama.

Mentiras, distorções e verdades maldosas
"Não dirás falso testemunho contra o teu próximo."
(Êx 20.16)

Como você deve saber de cor, a mentira é a quebra do nono mandamento. Não há dificuldade em convencer alguém de que mentir é pecado, ainda que muitas pessoas travem uma verdadeira luta contra esse pecado. Somos filhas do Pai da verdade. Filhas de Deus não nutrem lábios mentirosos. Porém, existem coisas mais profundas a respeito desse mandamento que você precisa levar em consideração quando se trata de maledicência.

Voltamos para uma objeção das fofoqueiras: "O que eu contei não é mentira!". Mas o que é mentira? Não dizer a verdade é mentir. Calúnias são mentiras. Meias-verdades são mentiras. A maledicência, no entanto, manifesta-se de muitas outras formas, como suposições infundadas, divulgação de desinformações (algo tão comum na era das mídias sociais), difamações, distorções da verdade, intrigas, especulações e até mesmo "achismos" maldosos, entre outras. Tudo isso atenta contra a honra da imagem de Deus e pode caracterizar a quebra do nono mandamento.

No Catecismo Maior de Westminster, as perguntas 144 e 145 são: "Quais são os deveres exigidos no nono mandamento?" e "Quais são os pecados proibidos no nono mandamento?". Vale a pena conferir a resposta completa e observar que ela não proíbe apenas os pecados que prejudicam a verdade, mas também aqueles que prejudicam a boa reputação de nosso próximo ou que agravam suas faltas menores. Lembra-se do que dissemos no Capítulo 4 sobre a intolerância? Um dos pecados proibidos no nono mandamento é distorcer a verdade, como "interpretar de maneira má as intenções, as palavras e os atos de outrem" e "chamar o mau, bom; e o bom, mau", difamando o bem que há nas irmãs, que é o que acontece frequentemente por intermédio das línguas incendiárias. E, até mesmo a verdade de sua indignação com o erro de outra irmã, por exemplo, não é aval para você pecar em resposta. Maldizer a pessoa que caiu em pecado com fofocas e calúnias não está entre as opções possíveis para o crente na Bíblia.

E, como deveres do nono mandamento, observe estas exigências, apresentadas na pergunta 144, que são contrárias ao que acontece nas rodas das escarnecedoras: "considerar caridosamente os nossos semelhantes; amar, desejar e ter regozijo por sua boa reputação; entristecer-nos por suas fraquezas e encobri-las". Temos de mudar nossos hábitos quanto ao que sai pela língua para praticar o que é verdadeiro e também amável, "recebendo prontamente boas informações a seu respeito e rejeitando as que são maledicentes, lisonjeadoras e caluniadoras", por exemplo. Isso nos remete para o próximo tópico.

Inveja e ciúmes

Ainda na pergunta 144 do Catecismo Maior, destaco que o nono mandamento exige o seguinte: "entristecer-nos pelas suas fraquezas e encobri-las, e mostrar franco reconhecimento dos seus dons e graças". Quanto às proibições, estão elencadas na pergunta 145: "invejar ou sentir tristeza pelo crédito merecido de alguém; esforçar-se ou desejar o prejuízo de alguém; regozijar-se na desgraça ou na infâmia de alguém; ter inveja ou tristeza pelo crédito merecido de outros".

E aqui, voltamos, mais uma vez, ao desconforto da inveja e do ciúme. Grande é o estrago que o amargor e o fogo fazem em conjunto. No processo de se comparar a outras pessoas e com elas competir, a pessoa invejosa sente grande prazer nas falhas e fraquezas alheias — e sente mais prazer ainda em expô-las. Como é difícil para um coração invejoso reconhecer e celebrar os dons e as graças de seu alvo! Por isso, a pessoa invejosa tenta encontrar alívio de seu descontentamento maldizendo sua rival, minimizando os créditos e agravando as falhas dela. Ou pior: agindo com empenho para prejudicá-la. Lembre-se do que eu disse no capítulo anterior: é bem cansativo viver assim.

Aprenda a ver a maledicência como o Pai da Verdade a vê, pois é dele que você é filha. Tome muito cuidado com o fogo. Você sabe quem é o pai da mentira. Nas palavras de Jesus, em João 8.44, o pai da mentira é o diabo: "Quando ele profere mentira, fala do que lhe é próprio, porque é mentiroso e pai da mentira". Não dê ouvidos às palavras do diabo — tais palavras levam à morte. Quando você sentir o calor da tentação de usar suas palavras para ferir, lembre-se de onde essas brasas vieram e arrependa-se. Volte-se para seu Pai, onde é possível repousar e descansar (cf. Hb 4.9).

AMOR E VERDADE

> "Disse comigo mesmo: guardarei os meus caminhos, para não pecar com a língua."
> (Sl 39.1)

Como esses pecados da língua se tornam hábitos, você precisa ser intencional em substituí-los. Comece usando a bênção da comunicação que Deus lhe deu e o privilégio comprado por Jesus na cruz de poder falar diretamente com o Senhor em oração. Diariamente, escute a Palavra de Deus e fortaleça seu relacionamento com ele. Fite seus olhos no Senhor e clame como Davi no Salmo 141. Peça com sinceridade: "Põe guarda, Senhor, à minha boca; vigia a porta dos meus lábios" (v. 3). Peça a Deus que guie suas afeições por suas irmãs e a ajude a amá-las da forma devida. Não se surpreenda, então, se surgirem muitas oportunidades de servir a elas.

Com Deus cuidando, seja você diligente em vigiar e guardar sua língua. Aqui vai uma sugestão de exercício prático para todos aqueles momentos em que você sentir vontade de maldizer uma irmã: abra a boca apenas para falar com Deus em oração e experimente dizer a ele o que pretendia falar a outras pessoas. Essa é uma experiência incrível, garanto a você.[8]

Cidadãs de Sião, habitantes do santo monte, Deus nos descreve assim no Salmo 15:

> Quem, Senhor, habitará no teu tabernáculo? Quem há de morar no teu santo monte? O que vive com integridade, e pratica a justiça, e, de coração, *fala a verdade; o que não difama com sua língua, não faz mal ao próximo, nem lança injúria contra o seu vizinho*; o que, a seus olhos, tem por desprezível ao réprobo, mas honra aos que temem ao Senhor; o que jura com dano próprio e não se retrata; o que não empresta o seu dinheiro com usura, nem aceita suborno contra o inocente. Quem deste modo procede não será jamais abalado. (Grifos meus.)

Compreendo que pode ser desesperador ler as exigências do salmista e se dar conta de estar tão aquém delas. Lembre-se, então, que nosso Senhor Jesus cumpriu perfeitamente essa lei. Nunca saiu

---

8   Aprendi com um amigo da igreja. Ele conta que, toda vez que chegava da escola falando mal de um coleguinha, os pais pediam para ele orar pelo amigo. Na oração, ele não conseguia dizer nada da mesma forma que estava falando em sua ira aos seus pais.

de sua boca nenhuma palavra torpe. Ele nunca fofocou sobre os erros de seus discípulos, nunca proferiu maledicência contra os romanos ou as autoridades judaicas, nunca jogou indiretas contra os fariseus, tampouco ficou de murmuração contra o Pai, nem mesmo quando experimentou morte de cruz (cf. 1Pe 2.22-23). E a boa notícia é que, perdoadas por seu sangue, e unidas a ele pela fé, podemos crescer em semelhança a ele (Ef 4.13-16). Avancemos para o alvo.

Capítulo 8

O AMOR NÃO SE RESSENTE NEM SE AMARGURA

"Sabeis estas coisas, meus amados irmãos. Todo homem, pois, seja pronto para ouvir, tardio para falar, tardio para se irar. Porque a ira do homem não produz a justiça de Deus." (Tg 1.19)

A FALHA DE COMUNICAÇÃO DO PECADO

"Matar não quer dizer a gente pegar o revólver de Buck Jones e fazer bum! Não é isso. A gente mata no coração. Vai deixando de querer bem. E um dia a pessoa morre."

(José Mauro de Vasconcelos, *Meu pé de laranja lima*)

Após o culto, saí correndo para a EBD das crianças, pois precisava chegar antes delas para dar aula. Foi assim que passei apressada pela Fernanda e não a vi. Realmente não a vi. Mas ela me viu, e achou que eu não a cumprimentara por estar chateada com ela. Fernanda passou a semana remoendo milhares de possibilidades equivocadas do que poderia ter me levado a não falar com ela, mas não me perguntou nada.

No domingo seguinte, Fernanda passou por mim e não falou comigo. Afinal, como eu não tinha falado com ela no domingo anterior, então agora eu que tivesse a iniciativa de falar! Eu achei estranho, pois nem sabia o que eu havia feito no domingo anterior. Logo, pensei que ela estava com raiva de mim e também revidei não falando com ela. E assim foi: ela não falava comigo, mas falava de mim. Eu não falava com ela, mas falava dela. Esperamos e fizemos as piores suposições recíprocas. Essa animosidade foi o terreno perfeito para o inimigo fazer diversos pecados reais brotarem, pecados bem mais sérios do que a falta de um simples "oi" entre nós: intolerância, orgulho sobre orgulho, ciúme, inveja, indiretas, maledicências e toda a tristeza decorrente de desconfiança e mágoa profunda entre nós.

Essa história parece comum a você? Sei que soa bastante "quinta série", mas a verdade é que muitas guerras e contendas entre nós começam exatamente assim — não importa quantos anos você tenha. São detalhes: um silêncio, um olhar, uma palavra atravessada, um descuido e coisas pequenas demais que crescem desordenadamente no terreno podre do pecado e de suas falhas de comunicação. Quantas são as ocasiões em que, ao nos sentarmos para resolver um conflito, descobrimos que ele começou com algo que nem mesmo foi real? Às vezes é algo que alguém viu ou ouviu e entendeu errado, uma fofoca que chegou ao seu ouvido e nenhum esclarecimento foi buscado.

No exemplo citado, não faltaram oportunidades de cessar-fogo. Era algo até simples: comunicação! Vivemos numa era em que ir e perguntar, antes de acusar, está na ponta dos dedos: "Amiga, você não me viu hoje?". Resposta: "Amiga, perdão por minha correria! Por causa dela, eu não te vi!". Algumas mensagens poucas e curtas evitariam longos ressentimentos e amarguras. Nunca foi tão fácil se comunicar, mas nossos problemas continuam os mesmos nessa eterna mesmice.

No capítulo anterior, citei alguns pecados que resultam do fogo de nossa língua, especialmente aqueles relacionados à maledicência. Quero encerrar esta seção com o que queima no coração, na alma e nas atitudes no processo de lidar com as mágoas geradas por todos esses problemas que vimos até aqui. Quando não tratados, os pecados cometidos e sofridos entre nós tornam-se uma bola de neve, ou melhor, de fogo.

IRA PECAMINOSA, RANCOR E AMARGURA

"Longe de vós, toda amargura, e cólera, e ira, e gritaria, e blasfêmias, e bem assim toda malícia."
(Ef 4.31)

Você já chorou de raiva? Aquela raiva que queima tão intensamente no peito que muitas de nós têm dificuldade até mesmo em conversar para resolver um conflito, pois não conseguem falar sem chorar. Outras dão vazão à ira com palavras ainda mais ásperas e duras, suscitando mais ira (Pv 15.1). Há quem eleve o tom de voz e há quem fique em silêncio total, deixando crescer a amargura. Afinal, sofrer as consequências dos pecados de nossas irmãs não é algo que passe despercebido pelo calor das emoções, concorda?

Mas sua ira é razoável? Tendemos a justificar a ira pecaminosa para não lidarmos apropriadamente com ela. Faz-se muito isso quando se recorre ao exemplo da ira de Jesus no templo (Mc 3.5), mas a ira razoável nos pecadores é bem rara, e "a maioria das referências à ira na Bíblia é do tipo pecaminoso".[1] A ira é correta quando é regida unicamente pela ira justa de Deus contra o mal verdadeiro, aquele que ofende sua santidade. Igualmente, a ira legítima não reage de forma pecaminosa nem paga mal com mal, com atitudes vingativas; ao contrário, ela confia na justiça do Senhor. A boa ira não peca, como diz o salmista: "Irai-vos e não pequeis; consultai no travesseiro o coração e sossegai. Oferecei sacrifícios de justiça e confiai no Senhor" (Sl 4.4-5). Foi Jesus quem comparou a ira ao assassinato e disse: "Eu, porém, vos digo que todo aquele que [sem motivo] se irar contra seu irmão estará sujeito a julgamento" (Mt 5.22). Você deve sondar a ira em seu coração diante de Deus. A ira é perigosa para a alma; não dê lugar ao diabo (Ef 4.27).

Somos falhas, e ainda vamos sofrer com esses sentimentos de raiva e ira queimando por razões egoístas. Mas nós temos um Pai que se compadece de nós, de modo que devemos levar tudo a ele em oração, inclusive nossa ira. Devemos pedir a Deus que nos capacite a cobrir os pecados ou erros cometidos contra nós com amor intenso

---

1 Lou Priolo, *Resoluções de conflito* (São Bernardo do Campo: Nutra Publicações, 2017), p. 47.

(1Pe 4.8). As opções bíblicas para nós, que somos irmãs em Cristo, é cobrirmos com amor ou irmos até a irmã conversar, também com amor, com a intenção de ela nos perdoar e se reconciliar conosco.

As opções pecaminosas, por sua vez, consistem em guardar a ira no coração e inflamá-la com mais reações pecaminosas, pensando e falando cada vez mais sobre sua mágoa — falando com todos sobre o problema, menos com Deus e com quem magoou você. Desse modo, você se mantém longe da graça de Deus e faz brotar a amargura (Hb 12.15).

Boa parte de nossa dificuldade em resolver nossos conflitos é que invertemos a orientação de Tiago 1.19; estamos prontas para nos irar, prontas para falar e tardias para ouvir. E é exatamente essa a ira que "não produz a justiça de Deus" (Tg 1.19), mas, sim, uma hostilidade que não deseja resolver o problema.

Nós somos habitação do Espírito Santo e estamos crescendo em santidade (1Co 3.16; Rm 8.1-11). Portanto, afastamo-nos de "toda amargura, e cólera, e ira, e gritaria, e blasfêmias, e bem assim toda malícia" (Ef 4.31). Essas são vestes velhas, que não nos pertencem mais! Por causa de Cristo, recebemos roupas limpas e o que queima em nosso coração agora é o Espírito de Deus, que nos capacita a sermos "uns para com os outros **benignos, compassivos, perdoando-vos uns aos outros, como também Deus, em Cristo, vos perdoou**" (Ef 4.32, grifos meus).

SE COMBINAR DIREITINHO, A GENTE SE ENCONTRA NO CAMINHO

Um coração amargurado é um coração que não perdoou. Então, se não foi possível ignorar amorosamente o pecado cometido por uma irmã, é necessário agir para que a raiz da amargura que está perturbando você e contaminando outras pessoas (Hb 12.15) seja cortada.

"Precisamos conversar, eu sei. Mas quem vai primeiro? Ora, foi ela que errou! Eu só estou aqui magoada remoendo tudo o que ela fez comigo. Se ela quiser vir, que venha!", disse eu, disse Fernanda, disse você. "Se teu irmão pecar [contra ti], **vai** argui-lo entre ti e ele só. Se ele te ouvir, ganhaste a teu irmão", disse Jesus (Mt 18.15, grifo meu). E ainda: "Se, pois, ao trazeres ao altar a tua oferta, ali te lembrares de que teu irmão tem alguma coisa contra ti, deixa perante o altar a tua oferta, **vai** primeiro reconciliar-te com teu irmão; e, então, voltando, faze a tua oferta", disse Jesus (Mt 5.23-24, grifo meu).

Antes de mais nada, lembre-se do Capítulo 4 e tome cuidado para não chamar de pecado o que não é pecado. Você precisa avaliar se o que aconteceu foi realmente uma ofensa contra Deus e contra você, ou se foi apenas sua intolerância a alguma diferença.[2] Assim, Jesus dá duas orientações quanto ao perdão envolvendo uma boa comunicação: 1) Que a ofendida vá a quem a ofendeu; 2) Que a ofensora vá à ofendida. Ambas têm o mesmo objetivo: o perdão para a reconciliação. Se combinarem direitinho, as duas até se encontram no meio do caminho.

Que golpe para o nosso orgulho são as orientações de Jesus quanto ao perdão! Estar sofrendo com o pecado que uma irmã

---

2 Entendo que existam alguns ajustes necessários em um relacionamento que não estão atrelados a pecados. E tudo bem conversar a esse respeito. Será uma conversa produtiva para alinhamentos, claro. Mas não se trata de uma conversa que necessite de perdão, pois perdão é para pecados. Aqui estou lidando especificamente com quebras de relacionamento por causa de pecado, quebras que necessitam de perdão.

cometeu contra você e ainda ter de ir a ela? Que desafio! Ela sabe que pecou contra você ou você está esperando que ela descubra sozinha? Ela não vai descobrir sozinha com suas "viradas de cara", indiretas e fofocas. Jesus manda você dizer a ela. Você está dando a chance de sua irmã se arrepender?

Em outro momento do livro, perguntei se você já percebeu que vários de seus pecados só são descobertos na convivência com outras mulheres na igreja. O que acontece quando você segue o caminho de Jesus para a reconciliação, agindo com amor a Deus acima de tudo e amando sua irmã como a si mesma? Como orientado por Paulo, você deve ir até sua irmã com um espírito de brandura (Gl 6.1), e não de ira. Assim, você pode ter a oportunidade de servir à sua irmã, demonstrando amor por ela ao lidar com um pecado que ela cometeu contra você. Ou talvez tenha o privilégio de ouvir dela sobre um pecado que você mesma cometeu e ter a oportunidade de se arrepender. Quando você vai até uma irmã com a intenção de repreendê-la em amor, está lhe dando a oportunidade de se arrepender de um pecado que, talvez, ela só saberá ter cometido porque você contou a ela. E tudo isso com o objetivo de restaurar o relacionamento de vocês.

Mas a coisa toda não é assim tão fácil, não é? Primeiro, porque a confrontação de um pecado, por mais amorosa que seja, bate direto em nosso orgulho e encontra resistência. Segundo, porque perdoar tem um alto preço também para nosso orgulho, mas custa muito mais guardar rancor e amargura. Talvez você esteja pensando algo como: "Mas aquele pecado dela foi grande demais para que eu perdoe assim tão 'fácil'. Ela não merece o meu perdão".

QUEM MERECE PERDÃO?

Quem merece perdão? Ninguém. Nem você. Mas Deus decidiu perdoar.

Quando sua irmã peca contra você e se arrepende verdadeiramente, isso significa que ela compreendeu que, em primeiro lugar, pecou contra Deus. O primeiro pedido de perdão dela é para o Senhor. E ele já a perdoou em Cristo. E se ele decidiu perdoar e sofreu todo o dano disso na cruz do Calvário, quem é você para não perdoar? (cf. Mt 18.21-35; Cl 3.13). Recusar perdoar é uma atitude vingativa da amargura. E lembre-se: a vingança não pertence a você (Rm 12.19). O que sua irmã fez de tão grave que se compare ao que você fez e faz todos os dias contra seu Pai?

Observe que, quando você estava morta em delitos e pecados, não foi você quem tomou a atitude de ir até Deus para restaurar sua relação com ele. Deus agiu, pois só ele poderia fazê-lo (Ef 2.1-10). Eu já falei, no Capítulo 3, sobre esse amor que cobriu uma multidão de pecados. Mas nós precisamos sempre trazer à memória aquela que é a maior de nossas esperanças: "As misericórdias do Senhor são a causa de não sermos consumidos, porque as suas misericórdias não têm fim" (Lm 3.22). E é por causa de sua grande misericórdia que ele enviou ao mundo seu Filho para morrer em uma cruz em seu lugar e perdoá-la. Ele mesmo agiu, não foi você! Jesus viveu uma vida perfeita e pagou por sua vida imperfeita: "Aquele que não conheceu pecado, ele o fez pecado por nós; para que, nele, fôssemos feitos justiça de Deus" (2Co 5.21).

Esse perdão tornou-se possível mediante alto preço, com um objetivo bem específico: reconciliá-la com Deus (cf. Rm 5.6-11; 2Co

5.18-21). Ele a perdoou *para* restaurar seu relacionamento com ele, o qual foi rompido pela ofensa do pecado, mas que agora é possível por meio do perdão que encontramos em Jesus. E, porque Jesus ressuscitou, você tem o Espírito Santo habitando em você e, por meio dele, você foi unida a uma comunidade de fé (cf. Rm 8.8-11). Assim como a sua irmã. Os pecados dela já foram pagos e perdoados. Você e ela estão unidas a Cristo e devem revestir-se dele (Rm 13.14), perdoando uma à outra, como também Deus, em Cristo, vos perdoou (Ef 4.20-32).

Então, volto a perguntar: o que sua irmã fez de tão grave contra você para que você negue perdão a ela? Quantos talentos ela deve a você? (Mt 18.28). A obra de Jesus em seu favor deve constrangê-la a conceder perdão.

QUEM NÃO VÊ CORAÇÃO VÊ FRUTOS

Deus conhece o coração e sabe quando o arrependimento é genuíno. Nós não temos esse poder. O que podemos ver e julgar são os frutos, e o arrependimento verdadeiro gera frutos. É o que ocorre, por exemplo, quando a humildade é o fruto que substitui o orgulho, levando você a reconhecer seu erro e pedir perdão a quem ofendeu. Mas não é só isso.

O arrependimento é uma mudança radical de mente e atitude, resultando em mudança de comportamento (cf. At 26.20; Ap 2.21). Uma das evidências de que a pessoa realmente se arrependeu do pecado é que ela vai mudar suas atitudes (Lc 3.8). Obviamente, isso não significa que devamos nutrir a expectativa de que essa mudança acontecerá de imediato, ou mesmo que não existam relapsos durante o processo. No entanto, é legítimo que a pessoa ofendida deseje ver passos consistentes de mudança. E, em certas situações, uma evidência clara de real arrependimento será a busca por reparação do pecado cometido.

NO QUE DEPENDER DE VOCÊ

> *"Se possível, quanto depender de vós, tende paz com todos os homens."*
> (Rm 12.8)

"Se possível", mas nem sempre é. Ao longo do processo de resolução de conflito, uma dúvida frequente é: "Até que ponto devo insistir?". Como você já compreendeu, as coisas não serão facilmente resolvidas, mesmo entre mulheres cristãs. *Ainda não*. Como eu disse, confrontar o pecado ainda é algo que encontra alguma resistência. Quero abordar rapidamente alguns desses casos:

1) Pode acontecer de, ao tomar a iniciativa de falar com uma irmã que pecou contra você, não receber em troca um pedido de perdão, e sim mais ofensas — nesse caso, você não ganhou a irmã e deve seguir os outros passos indicados por Jesus em Mateus 18. Cuide bem de seu coração para que suas intenções sejam amorosas, e não vingativas.

2) Ao tomar a iniciativa de conversar e confrontar um pecado, pode acontecer de a outra mulher também ter algo a dizer a seu respeito. Por isso, o ato de ir a ela precisa ser acompanhado de um coração humilde, pois há grande chance de sua

irmã reagir a um pecado seu, expondo-o. Ou talvez ela exponha alguma reação pecaminosa sua ao pecado dela que você está abordando. Não há dúvida de que é uma conversa em que ferro vai afiar ferro. Então, vá até ela com a disposição não só de perdoar, mas também de aprender, se arrepender e crescer.

3) Existem casos em que ocorre o perdão, mas não há reconciliação imediata. Pode acontecer de você realmente perdoar, mas, pela natureza do pecado, a confiança não voltar de imediato. Assim, você quer reaproximar-se aos poucos, para ver os frutos de arrependimento dessa irmã. Eu, particularmente, não vejo problema nisso, desde que você realmente tenha a intenção de ver a obra do Espírito Santo nessa irmã arrependida e confiar nela. Destaco isso porque há uma tendência — e você pode cair nessa armadilha — de dizer que perdoou da boca para fora, e não de coração. Pelo contrário, você segue tratando a irmã nos termos do pecado que ela cometeu antes, lembrando constantemente daqueles erros. A irmã já se arrependeu e até mudou, mas você não quer superar e também não quer que ninguém esqueça. O objetivo do perdão é a reconciliação. Se você diz que perdoou, mas continua vivendo em amargura contra ela, é porque não perdoou de fato.

4) E você pode ser justamente essa irmã do exemplo acima. A irmã que se arrependeu genuinamente, mudou de comportamento e cresceu. Porém, quem disse que a perdoou não deseja restaurar o relacionamento com você. Veja, no que

depender de você, deve ter paz com todas (Rm 12.18). Mas nem sempre essa paz vai depender de você. Talvez a amizade não volte a ser como antes, talvez os convites desapareçam e as conversas não passem mais de educação polida. Em que medida você deve continuar insistindo? Eu entendo que existe um tempo para você, amorosamente, esperar e orar. Não permita que o jugo dela recaia sobre você, pois Deus já a perdoou por seu pecado. Mas esteja disponível e de braços abertos, pois Deus pode trabalhar no coração dela para que, de fato, se liberte das mágoas que nutre em relação a você. "O quanto depender de vós", portanto, significa, entre outras coisas, que precisamos manter uma atitude reconciliadora.

5) Pode ser que você queira perdoar, mas sente que não consegue esquecer o que ela fez com você. Minha irmã, raras são as pessoas que têm memória curta para o sofrimento. O perdoar humano não significa passar uma borracha em sua mente e em seu coração. O perdão é uma decisão e uma promessa que você toma de não mais trazer aquele erro à tona — nem para quem pecou nem para si mesma. O amor não fica ressentindo o mal (1Co 13.5). Esse é um exercício intencional!

VISLUMBRES DA GRAÇA DE DEUS

"Se teu irmão pecar contra ti, repreende-o; se ele se arrepender, perdoa-lhe. Se, por sete vezes no dia, pecar contra ti e, sete vezes, vier ter contigo, dizendo: Estou arrependido, perdoa-lhe."
(Lc 17.3-4)

Assim como os discípulos, nossa resposta diante disso só pode ser: Aumenta-nos a fé, pois isso depende dele — e ele assim o faz.

Nessa sobreposição de eras, vamos provar e ver muito da bondade de Deus derramando graça sobre graça em nossas relações umas com as outras. Na total dependência do Espírito Santo, temos muita coisa boa para aprender e testemunhar juntas. Quem nunca se sentiu positivamente constrangida com a cobertura amorosa do perdão de outra mulher? Talvez você tenha respondido: "Isso nunca aconteceu comigo!" simplesmente porque o amor dela por você só a cobriu, e ela, honestamente, não tratou como ofensa. Mas pense bem em quantos deslizes em seu falar e em seu agir em relação àquela mulher não estão sendo cobertos — e você só não reconheceu ainda. Quem nunca presenciou uma bela situação de unidade quebrada sendo restaurada? Esses são vislumbres da graça de Deus que já podemos provar e ver na igreja. E são lindos testemunhos que brilham forte para o mundo ver que Jesus foi enviado por Deus e está realizando uma obra nessas mulheres, na igreja dele.

É a unidade que está sendo aperfeiçoada (Jo 17.23) e que certamente será levada à perfeição! Sabe por quê? Porque o nosso *para sempre* já está garantido!

Capítulo 9

LOGO MAIS É PARA SEMPRE

A abordagem proposta neste livro, acerca da comunhão entre mulheres na igreja, é bastante ampla. Sabemos, porém, que, dentro dessas relações, sempre existem as amigas mais próximas. Ter comunhão pacífica e harmoniosa com as mulheres de sua igreja, com amor e serviço, não significa necessariamente ser amiga íntima de todas elas. É claro que existem aquelas amigas a quem Deus vai nos colocar para andar de forma mais próxima.[1] Não há problema nisso; pelo contrário, trata-se de uma bênção.

---

1 Assim como Jesus tinha um círculo mais íntimo de discípulos, João, Pedro e Tiago. Entre eles, João, o discípulo amado, parece ter sido o mais próximo dos três.

Durante a minha adolescência e nos primeiros anos de faculdade, antes da conversão, eu era aquela pessoa de uma amiga só. Tive inúmeras "uma amiga só", pois mudei de cidade muitas vezes. Hoje, consigo perceber como era difícil para essas amigas, sozinhas, suprirem tudo que uma amizade requer, pois também era difícil para mim. Depois de um tempo da minha conversão e das muitas formas que o Senhor trabalhou em mim, por meio de amizades e conflitos, deixei de exigir tudo de uma pessoa só. E finalmente compreendi que, nessa multiplicidade de mulheres cristãs que Deus me colocava para conviver, existiam várias amigas possíveis com as quais eu poderia caminhar de forma mais próxima. Várias podem ser duas, três ou até mesmo seis ou mais.

Mas o ponto é que comecei a ver e desfrutar a beleza da diversidade de minhas amigas e parar de exigir que elas entrassem na mesma forminha. Existe aquela amiga em que todo o nosso tempo juntas se destina, quase unicamente, a conversas mais sérias e profundas. Com outras, porém, só há conversas acompanhadas de muita risada. Tenho uma amiga que é mestre em confrontar meus pecados, e isso não é uma reclamação. Tenho outra amiga que ama encorajar as boas evidências da graça de Deus em mim. Existe uma amiga que só consigo encontrar pessoalmente quando chamo de última hora — o que chamo de "Bora? Bora!". E existe uma amiga que a antecedência e a agenda são as únicas possibilidades para um café.

Minhas amigas são muito diversas; elas lutam com pecados diferentes e me moldam de formas únicas. E sou grata a Deus por cada uma delas. Em comum, eu vejo nelas a certeza de que, volta e meia, vamos nos decepcionar. E tudo bem, pois vejo algo em comum que é muito mais forte que isso. Eu vejo nelas a imagem de Cristo sendo refeita e, por causa dele, temos tudo aquilo de que precisamos para permanecer unidas.

A DECEPÇÃO DAS VERDADEIRAS AMIZADES

Gostamos de nomear algumas amigas como "amigas de verdade!" ou "amigas verdadeiras!". Você tem as suas, não? E também costumamos ter aquelas que já saíram dessa lista. Você sabe quais são os critérios para uma mulher entrar em sua lista de "amigas de verdade"? O que elas precisam ter e fazer? O que elas não podem fazer?

Não sei quanto a você, mas, por algum tempo, minhas "amigas de verdade" estavam nessa categoria quando se encaixavam em meus padrões do que torna uma amizade verdadeira e enquanto eu estava disposta a me esforçar por elas, mesmo em meio a decepções. Não sei quais são os itens exigidos em sua lista para as verdadeiras amizades, mas desconfio que pelo menos um tópico de sua lista está presente na minha: Não pode me decepcionar! Aqui entra tudo o que envolve magoar e ferir. Nesse caso, as listas variam muito, pois somos diversas até mesmo em nossas sensibilidades.

Então, chamamos de falsas todas as amizades que falham conosco. Ou pior, nos termos atuais, chamamos até de "amizades tóxicas"! Veja, eu sei que existem pessoas, mesmo dentro da igreja, que têm a intenção de ferir. Já falamos, no Capítulo 8, do perdão e dos frutos do arrependimento. Mas precisamos cuidar para não colocar nessa categoria todas as nossas amizades que se tornam difíceis. Tendemos, naturalmente, à autoproteção e tentamos nos proteger de sofrer decepções causadas por outras pessoas. A amizade verdadeira requer santa vulnerabilidade, esforço e intencionalidade. E isso significa que as portas para o sofrimento estão abertas. Então, na tentativa de se proteger, quem ganhará seu selo de amiga de verdade? Existe alguma mulher real neste mundo capacitada a não decepcionar você?

Quem é a amiga de verdade? Aquela que decepciona — ou ainda vai decepcionar — você! Essa é uma certeza para a amizade de verdade. Um dos meus objetivos com a primeira parte deste livro foi trabalhar a cosmovisão cristã de nossa identidade e de nossos relacionamentos. Espero, portanto, que você tenha compreendido que é uma pecadora em processo de santificação, lidando com pecadoras também em processo de santificação. Quando suas amigas decepcionam você por causa dos próprios pecados, isso acontece porque ainda não somos santas... mas estamos caminhando juntas nessa direção!

Sua amizade deixou de ser verdadeira meramente porque ela falhou com você? Não! Ela foi a mais verdadeira que poderia ter sido debaixo do sol. Ela foi verdadeiramente um misto de graça e pecado, de *já, mas ainda não*, como vimos no Capítulo 3. Onde sua amizade é bênção em sua vida, ela é um vislumbre da eternidade. Onde ela falha com você, vai revelar uma relação que não pode substituir sua relação com o verdadeiro amigo que nunca vai decepcioná-la, pois somente em Cristo você encontra essa amizade livre de pecados, da parte dele, é claro.

Amigas verdadeiras não são aquelas que não a decepcionam e que não falham com você; essas pessoas nem mesmo existem. Mas são aquelas que apontam você para Cristo. Que a auxiliam em sua caminhada, fazendo você amar ainda mais o Senhor Deus, que cuidam do seu coração e estão preocupadas com sua santificação.

São elas que amam a Deus muito mais do que amam você. Por isso, quando pecam contra você, arrependem-se, por entenderem que pecaram em primeiro lugar contra o Senhor e, então, mudam o caminho desse pecado. Deus dá a você inúmeras oportunidades de amar essas amigas verdadeiras e servir a elas. Essas são amigas que se arrependem e que perdoam, pois Cristo as capacitou para isso.

São amizades tão verdadeiras que se revelam incapazes de substituir sua relação com Deus, que é o único que nunca vai decepcioná-la. Tão verdadeiras que, ao exibirem as garras do pecado, lembram que você ainda não está em casa. Tão verdadeiras que, ao brilharem com amor e bondade, você sabe que é por pura graça de Deus!

CRISTO É VERDADEIRO AMIGO

Você leu cantando? Eu cantei durante toda a escrita deste livro. E quero deixar este hino a seguir para você ler com atenção:

Quão bondoso Amigo é Cristo
Revelou-nos seu amor
E nos diz que lhe entreguemos
Os cuidados, sem temor

Falta ao coração dorido
Gozo, paz, consolação?
É porque nós não levamos
Tudo a ele, em oração

Andas triste e carregado
De pesares e de dor?
A Jesus, eterno abrigo
Vai, com fé, teu mal expor

Teus amigos te desprezam?
Conta-lhe isso em oração
E, por seu amor tão terno
Paz terás no coração

Cristo é verdadeiro Amigo!
Disso prova nos mostrou
Quando, para resgatar-nos
Ele, humilde, se encarnou

Derramou precioso sangue
Para nos purificar!
Gozo, em vida e no futuro
Já podemos alcançar![2]

Esse é o Amigo que ama você com amor eterno (Jr 31.3) e incondicional. O Amigo que promete e cumpre. O Amigo que está sempre disponível, a quem você pode contar tudo em oração. O Amigo que provou seu amor por você quando você ainda era inimiga dele. Só nele você encontra um amigo livre de pecados. Você continua a pecar

---

2   Hinário Novo Cântico, Hino 159, *Bondoso Amigo*.

contra ele todos os dias, mas ele já a perdoou de todos esses pecados e o amor dele já cobriu você.

Jesus é o único Amigo que, quanto mais profundamente você conhecer, mais vai amá-lo. O único que nunca a decepcionará. Por isso, conheça-o intimamente na Bíblia, seja vulnerável para com ele em oração e confissão de pecados, estreite seu relacionamento com ele. Ele é manso e humilde, e oferece descanso a você (Mt 11.29).

Cristo é a força de que você precisa para seguir em frente e trabalhar pela comunhão harmoniosa com suas irmãs. A força para amar como ele amou e para abdicar de si mesma a fim de servir com compaixão não se sustenta na força de seu braço. Seu braço é egoísta, mesquinho, completamente incapaz de aceitar cortar-se para ajudar outro alguém. Mas, por causa de Cristo Jesus, que sofreu as piores dores e morte, somos capacitadas a refletir esse amor que se entrega e abdica de si mesmo. A redenção em Cristo Jesus e nossa união com ele permitem que já experimentemos aqui feixes de *logo mais*.

LOGO MAIS É PARA SEMPRE!

Paulo nos lembra bem de que, "se a nossa esperança em Cristo se limita apenas a esta vida, somos os mais infelizes de todos os homens" (1Co 15.19). O nosso *para sempre* é garantido por Jesus, ele já venceu (Ap 5.5; cf. Rm 8.18; Ef 1.13-14)! Que possamos, então, rumar para a perfeita santidade na eternidade, onde estaremos com os santos em glória (Tt 2.12-14). Vivemos agora à luz dessa vitória decisiva e garantida. Não desanimamos, pois já sabemos o resultado final. Perseveramos e aguardamos a vitória certa — e lá, sim, Deus fará por nós e por toda a sua criação o que fez por Jesus ao ressuscitá-lo dentre os mortos (cf. 1Ts 3.12-14; 4.13-18).

O destino final da noiva é ser a perfeita imagem de Deus, sem mácula, sem defeito, sem pecado (Ef 5.25-27). Lá, sim, seremos como Deus nos criou para ser: glorificando a Deus e gozando dele para sempre. Podemos olhar para a igreja agora já sabendo como ela será no final e nos encher de esperança. Igualmente, podemos olhar para nossas irmãs como elas são agora, buscando alegrar-nos com os dons e talentos que Deus está trabalhando em cada uma delas e com a certeza de que um dia as veremos brilharem esses dons em perfeição.

Nas cerimônias de casamento, a noiva e o noivo fazem promessas um ao outro; uma delas é amar na saúde ou na doença. É lindo ver como duas pessoas que se amam cuidam uma da outra no momento de enfermidade. No entanto, é claro que eles querem que o outro seja curado, pois sofrem com o sofrimento da pessoa amada. Um pai e uma mãe que amam seu filho ainda o amam quando ele desobedece à ordem de não colocar o dedo na tomada e se machuca, mas o amam tanto que vão educar essa criança para que ela não continue se ferindo. O amor do Senhor por sua noiva é infinitamente maior do que esses exemplos que dei. Deus quer sua noiva mais bela, sem rugas, mais saudável, sem mácula, gloriosa, e ele tem poder para tratá-la dia após dia, até o final dos tempos. Porque Deus nos ama, ele está trabalhando em nossa santificação e a perfeição final é certa. Nossa garantia está numa vitória muito superior (Fp 3.13-16).

Convido você a fazer da vitória final a lente através da qual você vai enxergar a si mesma e suas irmãs, até mesmo as mais difíceis de lidar. Olhe para cada uma delas com vistas ao que elas virão a ser:

completamente transformadas à imagem de Jesus, santas. Quanta esperança! Poderemos amar sem a atuação do pecado. A perseverança dos santos é corporativa. No final, estaremos todas juntas, perfeitas, vendo Cristo face a face. O ajuste no olhar para as outras funciona como um bálsamo para seus relacionamentos agora, um olhar de esperança, acima do sol. Olhar para a eternidade nos ajuda a alinhar as intenções do coração no presente (Cl 3.1-4).

Na oração sacerdotal de Jesus (que vimos no Capítulo 1), Jesus ora para que nós, que fomos dadas a ele pelo Pai, estejamos com ele onde ele estará, para que possamos ver a glória dele (Jo 17.25-26). "Jesus expressa francamente sua vontade ao Pai (eu quero...), mas é claro que sua vontade é nada menos que a vontade de seu Pai."[357] Jesus está preparando nosso lugar na casa do Pai (Jo 14.2-3). Nossa casa final! E ele quer que vejamos sua glória, que foi dada a ele pelo amor do Pai antes da criação da terra. Jesus termina sua oração por nós pedindo pela coisa mais importante de todas: ver a glória de Jesus exaltado na presença de Deus. Estamos sendo aperfeiçoadas por ele e seremos levadas à santidade — e, assim, nós o veremos. Em 1 João 3.2: "Amados, agora, somos filhos de Deus, e ainda não se manifestou o que haveremos de ser. Sabemos que, quando ele se manifestar, seremos semelhantes a ele, porque haveremos de vê-lo como ele é".

Percebe? Ainda não se manifestou como haveremos de ser, irmãs. Toda beleza que vemos aqui são apenas vislumbres e pegadas do que virá a ser na eternidade. Até lá, o que devemos fazer?

---

3   D. A. Carson, *The Gospel According to John* (InterVarsity Press, 1991), p. 569. (Tradução livre.)

Perseverar firmemente! (2Co 5.1-3). Trabalharemos em nosso crescimento diário em amor e relacionamento com Deus e, consequentemente, seremos moldadas por sua Palavra (1Co 15.58; Rm 12.1-2). Há garantia de que seremos santas quando chegarmos ao nosso lar, portanto o Espírito Santo vai trabalhar em nós.

Quando os conflitos surgirem — e eles virão —, volte-se para o evangelho e lembre-se de que as verdades dele se aplicam a toda a sua vida agora. Com a confiança de que Deus está trabalhando para sua santificação agora, como também está trabalhando para a santificação das outras mulheres, ele vai completar sua obra (Fp 1.6). Perseveremos pacientes e fortaleçamos nossos corações em Deus (Fp 2.12-13): "Sede, pois, irmãos, pacientes, até à vinda do Senhor. Eis que o lavrador aguarda com paciência o precioso fruto da terra, até receber as primeiras e as últimas chuvas. Sede vós também pacientes e fortalecei o vosso coração, pois a vinda do Senhor está próxima" (Tg 5.7-8).

Os caminhos do processo de santificação que Deus escolhe para cada uma de nós não são iguais. Mas, pela graça de Deus, até encontramos umas irmãs tomando a mesma direção e podemos dar as mãos, não é? E até mesmo aquelas que Deus está conduzindo por etapas diferentes da nossa, ele soberanamente escolhe colocá-las juntas no mesmo corpo, na mesma igreja, para que possamos nos amar e auxiliar umas às outras no crescimento do conhecimento e do amor a Jesus. Cada uma por um caminho de santificação, mas sendo levadas por Deus para o mesmo lugar. Nosso alvo é o mesmo. E lá chegaremos!

Na Introdução, falei que, para minha avó, a igreja era o lugar com mais cara de lar na face da terra. Espero que seja assim também para mim e para você. Que sejamos capazes de olhar para a igreja hoje com vistas ao que ela virá a ser: gloriosa!. Hoje, a Benedita, minha avó, está com o Senhor e eu sei que, em breve, nos encontraremos com a melhor de todas as vestes, o melhor de todos os perfumes e as mais belas músicas! Ela não estava aqui no dia do meu batismo, mas estará lá quando eu chegar e, certamente, com o melhor de seu lindo sorriso no rosto. E espero que com toda a minha família.

Todas nós que viemos a crer (eu, você, sua amiga e a irmã de quem hoje você não gosta) estaremos juntas cantando ao Senhor, sem vozes dissonantes, sem vozes rivais, sem vozes que ferem. Seremos uma nação cantando a uma só voz: "Grandes e admiráveis são as tuas obras, Senhor Deus, Todo-Poderoso!" (Ap 15.3); "O Espírito e a noiva dizem: Vem!" (Ap 22.17).

Que o Senhor nos ajude na esperança de sua obra completa!

CONCLUSÃO

Por algum tempo após a minha conversão, ouvi de antigos amigos descrentes afirmações como: "Você não era assim; você mudou muito; você não é mais a mesma". Essas foram amizades que, quanto mais me "acusavam" de haver mudado, mais foram se afastando, até fazerem parte apenas do meu passado.

"Você mudou!", essa era uma tentativa de ofensa. Porém, para mim, era o melhor elogio que eu poderia receber. Realmente, eu já não era mais aquela pessoa que haviam conhecido, e o fato de haverem notado era um belo testemunho! Eu não sou mais a mesma. Nem mesmo a mesma que eu era ontem, pois Deus prometeu que completaria a obra de santificação em mim até o fim. Para o mundo, isso é um incômodo enorme. Mas, para a igreja, é motivo de celebração. Ou deveria ser.

Nesse processo (de santificação), pela graça de Deus, a igreja é esse lugar no qual vale a pena permanecer em comunhão para ver de perto o poder do Espírito Santo transformando mulheres pecadoras em mulheres mais parecidas com Jesus, dia após dia, ano após ano. Foi assim que eu comecei este livro. E é assim que desejo concluir.

Esteja atenta ao que Deus está fazendo na vida de suas irmãs da igreja. Abra os olhos e o coração para ver quanta beleza! Não estou falando de conquistas materiais ou profissionais. Estou falando da obra do Espírito Santo agindo nelas e tornando-as mais parecidas com Cristo. Para provar e ver, você precisa se envolver.

No processo de Deus trabalhando em mim e me moldando, e graças somente a ele, estou muito diferente do que eu era em meus primeiros anos de conversão. Eu mesma posso fazer uma lista considerável de mulheres que hoje glorificam a Deus pela pessoa que eu já não sou mais. Minha confissão é livre de orgulho; só há gratidão sincera a Jesus. Ainda falho muito com elas, mas elas estão aqui comigo, e são tolerantes, pacientes, abnegadas e gratas, cobrindo-me de amor e perdão. Estou longe de ser a pessoa que serei na eternidade, mas estou bem mais perto da que serei do que quando cheguei a essa família de fé que Deus também tem usado para me santificar.

Sabe, você pode estar perdendo uma grande oportunidade de ver e fazer parte dessa obra de amor de Deus. Acredito que, se a mulher da sua igreja de quem você não gosta há tantos anos é uma filha amada de Deus, ela também não é mais a mesma de ontem, nem será a mesma de amanhã. E, se você continuar tratando-a e falando dela com base em algum pecado que ela cometeu anos atrás, não poderá ver e glorificar a Deus pelo crescimento dessa mulher que está coberta pelo mesmo sangue que você.

Fazer parte do corpo de Cristo na igreja tem muitos benefícios. E um deles é ver o crescimento em santidade das irmãs, podendo alegrar-se com as mudanças que Deus faz nelas e em você: em processos diferentes, mas caminhando para o mesmo lugar.

No corpo de Cristo, quando dizemos "Como você mudou!", isso é um elogio. O que queremos mesmo dizer é: "Deus seja louvado por todas as mudanças que está operando em você!". E isso é motivo de alegria.

Dia após dia, você, eu e nossas irmãs mudamos e ficamos cada vez mais parecidas com Cristo. Trata-se de um processo longo, doloroso e extremamente lindo. O Espírito de Deus habita em suas filhas e continua trabalhando em todas nós diariamente, a cada segundo. Ele está conformando à imagem de Jesus aquelas que vieram a crer. Ele não nos deixa confortáveis em nossos pecados e faz com que nossa salvação gere frutos. Pela graça de Deus, crescemos em amor e união com Cristo e umas com as outras. Seremos, assim, cada dia menos reconhecidas por nossa rivalidade e mais reconhecidas pelo amor.

Apêndice 1

DICAS PARA SE ENTROSAR NA IGREJA[1]

Fala-se muito da importância de a igreja receber bem seus visitantes. Você pode procurar — e, certamente, vai encontrar — várias listas com dicas, pois "a sua presença é um prazer e esta igreja ama você". Mas quero falar aqui do outro lado, da importância de o visitante, ou um novo membro, ter intencionalidade para se integrar na comunidade da igreja à qual vai pertencer.

1 Versão adaptada do artigo originalmente publicado pela autora no portal "Voltemos ao Evangelho" em 2020. Disponível em: https://voltemosaoevangelho.com/blog/2020/03/comunhao-como-se-entrosar-na-igreja/.

Toda igreja precisa receber bem seus visitantes, mas nem todas têm o perfil de ficar ligando semanalmente para você aparecer nas programações. A responsabilidade quanto ao esforço pela comunhão não é só dos membros mais antigos de sua igreja; também é sua. Quando um não quer, dois não congregam.

Chegar a um lugar novo e ser a novata de um grupo é sempre um desafio. Mas, apesar das muitas dificuldades envolvidas no processo de fazer novas amizades, o isolamento não é uma opção para o corpo de Cristo. Como eu quis deixar bem claro neste livro, fomos criadas para a comunhão. Todas nós que fomos salvas e temos o mesmo Pai somos parte de uma mesma família que Deus nos deu para amar e cuidar, e para que sejamos cuidadas. Todas somos irmãs em Cristo.

A comunhão é um dos meios públicos de graça que Deus nos deu para nosso crescimento espiritual, maturidade, alegria, santidade e semelhança com Cristo. Você não deve tentar caminhar sozinha. Ter irmãs para andar com você é um presente de Deus — e é bom. Esteja presente, participe!

ALGUMAS DICAS

Dica 1: Converse com os pastores de sua igreja. Marque uma reunião para se apresentar, conhecer seus líderes e ser conhecida. Certamente o pastor de sua igreja, que já conhece tão bem todos os membros, vai lhe dar muitas sugestões do que você pode fazer para se entrosar com suas irmãs.

Dica 2: Sirva. Sempre haverá algo para você fazer na igreja — não só as coisas que são bem visíveis, mas principalmente aquelas que têm pouca ou nenhuma visibilidade. As turmas da Escola Bíblica

Dominical sempre precisam de auxílio, bem como as equipes de montagem e desmontagem de som, arrumação das salas, das cadeiras e de limpeza. Não estou dizendo que nossa motivação no serviço deva ser apenas a de fazermos amigos. Nós servimos porque Deus nos chama a servir, somos um corpo e todos devem trabalhar para sua manutenção. Um coração disposto a servir e se doar por seus irmãos é fruto do espírito e, de quebra, terá o efeito colateral positivo de entrosar você no corpo do qual agora faz parte.

Dica 3: Esteja presente. Participe dos eventos de sua igreja: jovens, adultos, grupos familiares, pequenos grupos e discipulados. Esforce-se para estar presente.

Dica 4: Verifique se, na sua igreja, existem grupos pequenos de mulheres que estudam juntas. Se a sua igreja ainda não trabalha com grupos assim, converse com seu pastor e deixe a sua sugestão. Você também pode tomar a iniciativa de convidar algumas mulheres para lerem juntas um livro, como este aqui. Reunir-se com outras mulheres com o foco de aprender mais sobre Deus é uma ótima oportunidade de também fortalecer o relacionamento entre vocês.

Dica 5: Esta dica é também um conselho: se você é mulher e está chegando à igreja, procure fortalecer seu relacionamento com as outras mulheres da igreja.

Dica 6: Verifique se, na sua igreja, existe um grupo no WhatsApp para mulheres. Esses grupos são boas ferramentas para ficar por dentro da programação oficial e extraoficial da igreja, como almoços, piqueniques ou cafés.

Dica 7: Por certo, haverá frustrações e desentendimentos, e existem formas bíblicas de lidar com isso. Essas desavenças não são motivo para você deixar de congregar, mas um alerta de que há algo ali que precisa ser resolvido. Espero que este livro seja um auxílio para tratar corações em busca de reconciliação.

Dica 8: Por fim, uma vez que você esteja integrada, fique sempre atenta a quem está chegando e ajude no processo.

> *"Consideremo-nos também uns aos outros, para nos estimularmos ao amor e às boas obras. Não deixemos de congregar-nos, como é costume de alguns; antes, façamos admoestações e tanto mais quanto vedes que o Dia se aproxima."*
> (Hb 10.24-25)

Apêndice 2

JUNTAS E INCONSTANTES[1]

Lembro-me de uma época em que costumava alertar as outras pessoas: "Cuidado, o mundo dá voltas. É como uma roda-gigante: um dia você está lá no topo, no outro está no ponto mais baixo". Na época, eu usava essa reflexão barata como um alerta contra egos elevados. Hoje, convertida e convivendo há anos com irmãos em Cristo, relembro esse pensamento todos os dias — e isso é bom.

Então, vou falar de nossa caminhada cristã como uma roda-gigante. Estamos todas juntas numa grande roda. Mesmo havendo dois assentos por cabine, só pode entrar uma pessoa por cabine. Um dia,

1   Versão adaptada do artigo originalmente publicado pela autora no portal "Voltemos ao Evangelho" em 2020. Disponível em: https://voltemosaoevangelho.com/blog/2020/01/juntos-e-inconstantes/.

estamos lá no topo, contando bênçãos, cheias de fé e alegria. Girou. No outro, vemo-nos no ponto mais baixo, com muita dificuldade de enxergar.

Quem nunca se surpreendeu quando uma irmã que vemos como um grande exemplo confessa que está há dias sem orar? Quem nunca ajudou uma irmã querida que ontem estava superconfiante na soberania de Deus e hoje está repleta de ansiedade? Você já foi a pessoa corajosa que, humildemente, enviou uma mensagem a uma amiga e confessou que está difícil sentir esperança hoje? Faça isso. Deixe que ela veja suas inconstâncias e perceba que maravilha Deus vai fazer! Há espaço na vida cristã para uma santa vulnerabilidade.

Uma das muitas bênçãos de nos envolvermos todos os dias com as amigas da igreja é justamente depararmos com as inconstâncias emocionais e de fé — as delas e as nossas. Ana, você está chamando "inconstância de fé" de bênção? Não! Estou afirmando que, uma vez que TODAS ainda somos inconstantes na fé e nas emoções, é uma bênção que Deus tenha colocado amigas mais chegadas que irmãs para suportar e auxiliar umas às outras nesses giros nauseantes da roda-gigante. Graças a Deus, raramente vai acontecer de essas amigas estarem, ao mesmo tempo, no patamar mais baixo. Quando uma irmã estiver no topo da roda com sua alma bendizendo ao Senhor, com todo o seu ser bendizendo ao Senhor, e você estiver lá embaixo, esquecida de muitas de suas bênçãos, tentando elevar os olhos para os montes em busca de socorro, sua irmã também será de grande auxílio para lhe contar o que está enxergando de lá do topo, iluminar sua visão e levar suas cargas pesadas com você. E a roda vai girar de novo. Um dia bom para uma acaba servindo de auxílio para o dia mau da outra... e gira a roda.

Somos todas inconstantes na mesma roda-gigante, direcionadas pelo Único e eternamente constante. Ele, que acalma as tempestades; ele, que não dormita; ele, que fez os céus e a terra. Ele, que acalma os balanços das cabines. Ele, que está ao seu lado o tempo todo, de modo que um assento de todas as cabines já está ocupado. Você não achou que estava sozinha, achou? O Senhor é quem guarda você; o Senhor é a sua sombra à sua direita. Ele nos ajuda a vermos longe, lá do alto, e animarmos quem está lá embaixo. E, quando somos nós as desanimadas, ele nos faz olhar para cima e lembrar que, assim como as coisas já foram diferentes, logo voltarão a mudar.

Girou.

Apêndice 3

OUTROS LIVROS PARA ESTUDAREM JUNTAS

O QUE DEUS DIZ SOBRE AS MULHERES - KATHLEEN NIELSON

CONHECENDO O DEUS TRINO -
TIM CHESTER

MULHERES DA PALAVRA -
JEN WILKIN

ESTER NA CASA DA PÉRSIA -
EMILIO GAROFALO NETO

DESMASCARANDO O ABUSO - DARBY A. STRICKLAND

FIEL
MINISTÉRIO

O Ministério Fiel visa apoiar a igreja de Deus, fornecendo conteúdo fiel às Escrituras através de conferências, cursos teológicos, literatura, ministério Apoie um Pastor e conteúdo online gratuito.

Disponibilizamos em nosso site centenas de recursos, como vídeos de pregações e conferências, artigos, e-books, audiolivros, blog e muito mais. Lá também é possível assinar nosso informativo e se tornar parte da comunidade Fiel, recebendo acesso a esses e outros materiais, além de promoções exclusivas.

Visite nosso site

www.ministeriofiel.com.br

Impresso por Gráfica Santa Marta
no papel Natural 70 em Abril de 2025